Gaa-pi-izhiwebak

Gaa-pi-izhiwebak

AANJIBIMAADIZING

EDITED BY
Anton Treuer
and
Michael Sullivan Sr.

ILLUSTRATED BY
Jonathan Thunder

ASSISTANT ILLUSTRATOR
Tashia Hart

MINNESOTA
HISTORICAL
SOCIETY PRESS

mnhspress.org

The Minnesota Historical Society Press is a member of the Association of University Presses.

Manufactured in the United States of America

10 9 8 7 6 5 4 3 2 1

∞ The paper used in this publication meets the minimum requirements of the American National Standard for Information Sciences—Permanence for Printed Library Materials, ANSI Z39.48-1984.

International Standard Book Number
ISBN: 978-1-68134-216-0 (paper)
ISBN: 978-1-68134-217-7 (e-book)

Library of Congress Control Number: 2021936680

Dibaajimowinan

Gaa-pi-izhiwebak

1 Gii-naadoobiiyaang

Gaa-tibaajimod **BETTE SAM**

Gaa-tibaajimotawaajin **MONIQUE PAULSON**

Ani-ziigwang wapii gaa-iskigamizigewaad, nimaamaayiban naa nindedeyiban go gii-iskigamizigewag. Apane go akawe gaa-izhi-naadinised. Gaa-izhi-maajitaad nimaamaa ko gii-pagone'waad iniw aninaatigoon.

Apane go gaa-izhi-asanjigod i'iw ge-aabajitood da-debibidood i'iw wiishkobaaboo. Baabiitood maajigaamagak, gaa-izhi-naanaadoobiiyaang. Apane go gii-naadoobiiyaang jibwaa-mooshkinemagak makakoonsan. Niibowa ko ingii-naadoobiimin gaa-izhi-baamibatooyaang. Mii azhigwa ji-boodawed wii-agoonaad okaadakikoon.

Miish azhigwa maajii-abizigaadeg i'iw. Ginwenzh igo onzigaade i'iw wiishkobaaboo megwaa go ondeg nibi. Mii wapii miinawaa babaa-ayaayaang babaa-naadiniseyaang, niibowa aabajichigaadeg. Apane gaa-izhi-wiidookaazoyaang imaa ezhichigeng. Gaawiin ingii-nanaamadabisiimin, booch akina awiya gii-anokiid ojaanimiziwaad ingiw nigitiziimag. Apane gaa-izhi-ayaang nimaamaa i'iw gookooshi-bimide, mii go apane gaa-izhi-atood imaa jiigayi'ii biinji-okaadakikong, dibishkoo go ji-ziigigamidesinok.

Mii eta gii-ombigamizideg baamaa go wapii gaa-pi-ayaang zhiiwaagamizigan ani-ayaamagak. Gaa-izhi-gikendang wapii gii-ikidod, "Wewiib nanda-waabamik a'aw goon ji-ozhitooyang bigiwizigan!" Ingii-minwendaamin ko apane gii-miijiyaang i'iw.

3

Mii azhigwa ji-ziinzibaakwadokeng apane gaa-izhi-ombinaawaad okaadakikoon omaa endanakamigak. Apane go weweni mitigo-emikwaan ogii-ayaan wii-waninawewitood i'iw, mii go ge-izhi-jaagideg ganawaabanjigaadesinok.

Apane gii-wiindamaagooyaang, "Gego niibowa miijiken i'iw ziinzibaakwad booch igo ga-nibe'igon." Mashkimodan ogii-ozhitoonan ji-ni-atood i'iw ziinzibaakwad. Apane go gaa-izhi-minwendamaang wii-iskigamizigewaad. Gaawiin go wiikaa gidaa-bagandizisiin! Mii iw. 👋

2 Mizay

Gaa-tibaajimod **DAVID SAM**

Gaa-tibaajimotawaajin **KIM ANDERSON**

Mii gii-ikidod, "Mii gii-waabamag aw goon gaa-pinaashid imaa miikanaang." Mii gaa-ikidod ji-o-nandawaabamangid mizayag. Mii a'aw wiiyawen'enyan omaa ningos, Miskwaanakwad. Ingii-wiijiiwaa imaa gii-izhaad imaa Misi-zaaga'iganing imaa gii-mashkawaakwading o'ow zaaga'iganing.

Mii imaa dash imaa ko endazhi-naaniimi'iding Iskigamizigan Naaniimi'idiwining, mii iwidi akeyaa imaa dash imaa mikwamiing gii-ni-inoseyaang omaa niswaak imaa dasozid. Mii imaa ingii-ayaamin i'iw bagonezigwa'igan gaa-aabajitooyaang. Mii dash anit gii-atooyaang imaa bagonetooyaang aw mikwamiing. Mii dash imaa gii-aabajitooyaang iw anit ji-baazagobinangid asin anaamayi'iing waakaa'igan Misi-zaaga'iganing. Giishpin imaa ayaawaad mizayag bi-naazikaagewaad imaa anitiing. Mii dash izhi-ombinamaang anit, mii dash bazhiba'waad mizayan waa-kiiwewinaad. Wayeshkad imaa gii-izhiwizhiyangid zaaga'iganing, awashime niishtana ashi-naanan ingii-tebibinaanaanig mizayag. Mii dash ingii-paa-izhaamin iwidi imaa endaawaad ongow nindinawemaaganinaanig gagwejimangid giishpin imaa wii-ayaawaad mizayan. Mii imaa gagwedwewaad wii-ayaawaawaad onow waakwan. Mii gii-ikidoyaan, "Gaawiin." Mii dash gaa-pi-ikidowaad ongow, "Gaawesh naa niwii-ayaawaasiwaanaan, mii eta go ayaawaawaad ongow mizay eyaawaajig iniw waakwan."

Mii geget omaa gwayak gaa-izhiwebak, ningii-gikendaamin gegoo ji-mamaasiwangidwaa niibowa ingiw mizayag. 👋

7

3 Mewinzha Go

Gaa-tibaajimod **JAMES MITCHELL**

Gaa-tibaajimotawaajin **JOHN BENJAMIN**

Gwiiwizensiwi-ziibiing iwidi nigii-nitaawi'igoo. Zhigwa biidaabang ikidod nimaamaa, "Daga o-mawadishiwedaa iwidi Gwiiwizensiwi-zaaga'iganing." Gabe-giizhig dazhitaayaang bimoseyaang izhaayaang iwidi Gwiiwizensiwi-zaaga'iganing. Mii dash o-dagoshinaang onaagoshig, niwaabamaanaanig ingiw ikwewag booziwaad omaa jiimaaning bimishkaawaad dash wii-o-bagida'waawaad.

Mii dash agidaaki gaa-izhi-waabamagwaa abinoojiinyag. Zhigwa izhaayaan iwidi da-baa-odaminoyaang. Mii eni-dibikak, mii go omaa wiigiwaaming ezhi-biindigeyaang. Mii azhigwa da-nibaayaang. Azhigwa goshkoziyaan gaa-izhi-waabamagwaa ingiw ikwewag agwaabiiwaad. Gaa-izhi-maajiibatooyaan wii-waabamagwaa minik iniw giigoonyan gaa-tebinaawaad omaa jiimaaning.

Mii zhigwa ingiw ikwewag endaawaad dagoshinowaad, mii zhigwa maajii-jiibaakwewaad. Ganabaj naanan bakwenigewag ingiw waa-chiibaakwejig. Anooj iniw giigoonyan ozaasakokwaanaawaan naa ogabaashimaawaan. Mii zhigwa biibaagiwaad da-bi-wiisiniyaang. Mii go akina awiya gaa-pi-izhi-wiisinid. Mii zhigwa ishkwaa-wiisiniyaang, akina ininiwag biindigewaad endaawaad naa owiigiwaamiwaan. Mii zhigwa zaagijitoowaad akina gaa-nitoowaad wanii'igewaad iniw bashkweginan. Mii sa akina awiya noogigaabawiwaad bizindamowaad. Zhigwa gaye niin ninoondawaa a'aw odaabaan biidwewebizod, meshkwadoonamaagewinini bagamibizod. Mii dash akina awiya zhigwa meshkwadoonamaagewaad gaa-wanii'amawaad. Mii dash zhigwa a'aw meshkwadoonamaagewinini ani-maajaad. Mii omaa akina awiya miinawaa gaa-izhi-ojaanimiziwaad giizhiitaawaad oodenaang wii-izhaawaad.

Ikwewag naa onaabemiwaan naa chi-aya'aag eni-booziwaad omaa jiimaan oodenaang wii-izhaawaad. Naanan maagizhaa ingodwaaswi abinoojiinyag naa gaye niin indayaamin omaa, mii dash gaa-izhi-odaminoyaang gabe-giizhig. Mii zhigwa eni-dibikak biindigeyaang omaa niwiigiwaaminaan da-nibaayaang. Mii zhigwa eni-goshkoziyaan gaa-izhi-ganoonagwaa abinoojiinyag, "Bizindamok awiya da-noondawaa nagamod." Mii zhigwa bezhig gwiiwizens ikido, "Mii zhigwa bi-azhegiiwewaad. Ambe o-baabii'aadaanig jiigiibiig." Wa! Mii zhigwa agwaa'owaad anooj obiidoonaawaa wiisiniwin odaminwaaganan naa biizikiiginan naa waashkobaninig.

Mii noongom mawadishiwewaad dazhindamowaad da-ozhitoowaad iskigamizigan. Mii azhigwa akina awiya misan maajii-aawadoowaad. Ozhiga'igewaad ininiwag nisogiizhik omaa nidazhitaamin. Maawanjitooyaang ge-aabadak omaa iskigamizigewining. Gichi-gigizheb noondawaa baa-minwewetood awiya gaa-izhi-zaaga'amaan agwajiing. Mii omaa waabamagwaa akina ininiwag wii-maajaawaad wii-paa-nandawanokiiwaad iwidi giishka'aakwaaning. Mii zhigwa nimaamaa naa odinawemaaganan dazhindamowaad onow gitigaanan wapii ge-maajiitoowaad. 👍

4 Wiigob Baa-naadid

Gaa-tibaajimod **SUSAN SHINGOBE**

Gaa-tibaajimotawaajin **MICHAEL SULLIVAN SR.**

 Megwekob ko ingii-paa-wiijiiwaa naadid wiigob, gaawiin go gii-michaasinoon iniw mitigoon gaa-paa-nandawaabandangin. Meta go iwidi dabazhish giishkizhang bangii, i'iw wiigobaatig izhinikaazo aw mitig maagizhaa ge wiigobimizh, miish imaa beshizhang jiigayi'ii wenji-maajiigid a'aw wiigobaatig.

Enizhang, miish imaa, meta go ezhi-wiikobidood iw, mii minik gaa-peshizhang, gaawiin go, mii go iwidi wanakong bijiinag mii iwidi

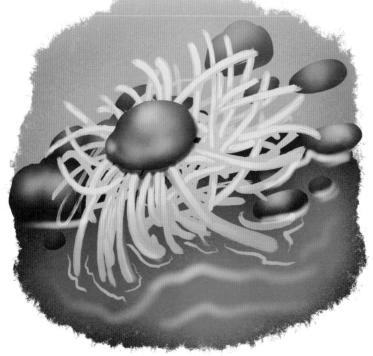

giipidood mii iwidi bakisenig, mii ko akeyaa gaa-izhichiged gaye megwaa gii-ganawaabamag wiigob naadid.

Miish dagosidood iwidi endaayaang mii go ayiigwa miinawaa, mii ko imaa wiigob gaa-onji-ozhitood wii-kashkigwaadang iniw ayi'ii wiigwaasi-jiimaanensan miinawaa akikoog. Akawe ko gaye ingii-waabamaa ge iwidi izhiwidood i'iw wiigob gaa-pishaga'ang iwidi jiigibiig. Mii iwidi gaa-izhiwidood nibiing, gii-awi-atood, gaawiin igo imaa waasa gii-izhaasiin jiigibiig imaa ogii-o-atoon i'iw wiigob baa-o-bishaga'ang, miinawaa akawe tagiizh naa baa-nandawaabamaad iniw chi-asiniin, miish iwidi gaa-asaajin imaa wagijayi'ii imaa wiigob gaa-awi-atood imaa zaaga'iganing da-maadaasinzinok sa go, mii gaa-onji-izhichiged iw, chi-asiniin imaa gii-asaad wagijayi'ii iw wiigob gaa-atoojin imaa zaaga'iganing. "Miish gaawiin," ikido "Da-maadaasinzinoon."

Ganabaj ko nisogon niiyogon ogii-kanawendaan imaa anaamibiig, megwaa nayaadid mii iw chi-nookaag i'iw wiigob, miish miinawaa bebangii daataashkibidood. Miish ko gaa-aabajitood mazinaabidoo'ang iniw wiigwaasi-jiimaanan, miinawaa wiigwaasiwi-akikoog. Ogii-adisaan ko gaye, mii iw asigobaan, ogii-izhinikaadaan ko i'iw gaa-awi-atood iwidi zaaga'iganing, miish ko iw asigobaan ge gii-adisang, anooj ko ogii-inadisaan makadewaa, miskwaamagad, ashkibagong. Miish imaa gaa-aabajitood ogii-mazinigwaadaan akikoon. Miinawaa ogii-aabajitoon ko, ogii-okaadenaan gaye iw asigobaan, miish ko gaye gaa-aabajitood i'iw akiko-minjiminigan. Mii sa iidog iw minik ezhi-gikendamaan gii-paa-waabamag gaa-izhichiged. 👋

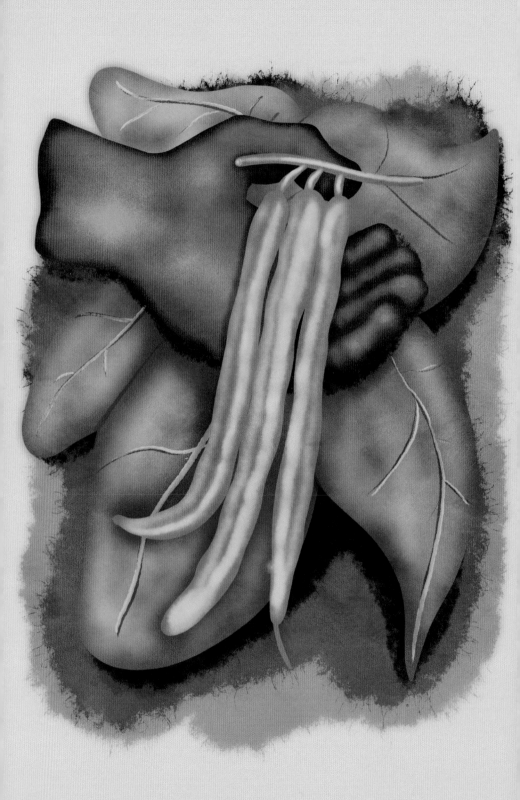

5 Gaa-gitigewaad

Gaa-tibaajimod **ELFREDA SAM**

Gaa-tibaajimotawaajin
KELLER PAAP & JADA MONTANO

Ningii-wiidookawaanaan ko indede gitiged gaa-pashkobijigeyaang, namanj iidog gaa-izhi'iyangid bashkobijigeyaang. Azhigwa giizhiging gegoo opiniig giizhigiwaad, mii imaa gii-maamiginangidwaa opiniig maagizhaa gaye giishkikojiganag, anijiiminag, baanimaa apii giizhigiwaad mandaaminaakoog. Ozaawi-okaadaakoonsan, namanj iidog gaa-onji-bagidinisiwangid mandaaminaakoog da-maamiginangidwaa.

Nimaamaa a'aw gaa-gitiged gii-gitigewaad imaa gaa-atoowaad miinikaanan. Gaawiin igo wiikaa ingii-wiiji'iwesiimin gii-gitigewaad, gaawiin wiikaa niinawind ingii-gitigesiimin baamaa giizhiging gaa-gitigaadamowaajin, mii baamaa wiiji'iweyaang bashkobidooyaang-sh ko gitigaan, mii eta go apii gaa-izhaayaang iwidi. Gaawiin dash imaa gabe-giizhig, wembendamaang baa-maamiginigeyaang, mii imaa gaa-izhi-odaminoyaang niinetawind nishiime Zhaabokawe. Zhaabokawens apane ogii-inaan indedeyiban.

Gaawiin dash wiikaa niinawind ingii-izhaasiimin gitigeng gii-ayaawaad bebezhigooganzhiig. Ningii-kosaanaanig ingiw bebezhigooganzhiig. Ayaapii eta ingii-maajiinigoomin ji-bashkobijigeyaang, gaawiin endaso-giizhik.

Mii go imaa jiigikanaang endaayaang gaa-tazhigiwaad ingiw miskominag. Gaawiin wiin miinan, nimaamaanaan indede-sh wiinetawaa dibi go gaa-izhaawaagwen. Ogii-kashkaakobinaawaan

15

miskominan miinawaa miinan. Ogii-onzwaawaan aniw miskominan
gaa-tagozamowaad ziinzibaakwad jibwaa-gashkaakobinaawaad.
Anooj gegoo ogii-kashkaakobinaawaan, mishiiminan,
miishijiiminan, odatagaagominan, bagesaanan.

Wewiibish a'aw akiwenzii gaa-tibendang i'iw adaawewigamig,
Indian Trading Post ezhinikaadeg, mii imaa ko gaa-tazhi-
mawinzoyaang minik waa-ayaamaang. Gozigwaakominag ishpiming
dazhigiwag dibishkoo go asasaweminan. Gii-shoominaanzowag ingiw
gii-wiishkobipogoziwaad. Mii go gaye iniw gaa-kashkaakobinaawaad
gozigwaakominan. Ingii-igoomin ji-akwaandaweyaang gii-
mawinzoyaang ji-maamiginangidwaa ingiw gozigwaakominag.

Ingii-dakobidamaagoomin akikoonsag, ingiw sa
bimidewakikoonsag gaa-pizhishigozijig ji-babaa-maamiginangidwaa
ingiw gozigwaakominag. Ingii-
niisaandawemin gaa-aaba'waawaad
iniw bimidewakikoonsan
gaa-mooshkina'angidwaa
gozigwaakominag. Meta
go, gaawiin wiikaa miinan
ingii-maamiginanziimin.
👋

6 Zaagimaag

Gaa-tibaajimod **LORENA GAHBOW**
Gaa-tibaajimotawaajin **CHARLIE SMITH**

 Gaawiin aapiji nimikwendanziin meta go gii-baapiwaad waabamaawaad zaagimaan. Ingoji imaa baa-niimiwaad, anooj igo gii-apagizowag. Ingii-wiindamaag bezhig akiwenzii gii-waabamaad zaagimaan. Aanind igo akina gegoo gii-izhichigewag baa-niimiwaad wawaaj igo ge gii-michidiyewag.

Gaawiin nimikwenimaasiin gaa-izhinikaazod. Ingii-wiindamaag chi-mewinzha. Ingii-agwaasigendam. Ingii-koshko'ig. Ingii-midaaso-biboonagiz omaa Neyaashiing, mii midewigaan gii-ayaag. Gaawiin geyaabi owidi ayaamagasinoon. Gaawiin geyaabi omaa ayaamagasinoon. Ingoji akeyaa ingoji imaa gii-ozhigewag, owidi akeyaa *Timber Trails* gii-ozhigewag. Gaawiin ginwenzh gii-midewisiiwag iwidi. Mii dash miinawaa gaa-izhi-maajitaawaad owidi akeyaa *Timber Trails* ezhinikaadeg, gii-ozhigewag. Giizhiitaawaad, mii dash gii-piindigewaad zaagimaag. Gaawiin geyaabi izhichigesiiwag i'iw. Meta go baa-dazhitaayaan imaa midewigaaning. Gaawiin ganabaj izhichigesiiwag i'iw. Nimisenh gii-saagimaawi. Miinawaa geyaabi gii-ayaawag aanind zaagimaag. Gii-jiikakamigiziwag. Akina awiya gii-minwendaagoziwag namadabiwaad naa baapiwaad, baapi'aawaad iniw zaagimaan. Anooj igo gii-niimiwag, gii-apagizowag. Gii-minwendaagoziwag ingiw zaagimaag chi-enigok gii-niimiwaad. Agwajiing ingii-onzaabimin idi niibowa ganawaabamangidwaa, ingii-onzaabamaanaanig agwajiing. Gaawiin ingii-gashkitoosiin

17

ji-biindigeyaan, meta go gaa-aakozijig maazhaa ge ingii-naabishkawaa
niin nishimis gii-midewiyaan. Gii-aakozi aw ikwezens mii dash
gii-ishkwaa-ayaad. Mii dash gii-naabishkawag maajii-midewid, gii-
naabishkawag gii-midewid. Mii go gaa-izhichigewaad ko awiya gii-
ishkwaa-ayaad iishpin awiya gii-ikidod midewi. Gaawiin dash gii-
pimaadizisiin gii-ishkwaa-ayaad aw ikwezens. Mii dash gii-ishkwaa-
ayaad. Ingii-naabishkawaa. Ingii-ashi-niizhwaaso-biboonagiz
gii-piindigeyaan midewigaaning.

Anooj gii-izhinaagoziwag. Gii-wawezhinaagoziwag ingiw
zaagimaag. Gaawiin dash geyaabi izhichigesiiwag i'iw. Ganabaj geget
gii-nagamowag. Awenesh gaa-nagamod. Gaawiin nimikwendanziin
gaa-nagamod miinawaa meta nimikwendaan iko baa-niimiwaad.
Anooj igo gii-apagizowag ingiw zaagimaag. 👆

7 Nanaandawi'iwewin

Gaa-tibaajimod **RALPH PEWAUSH**

Gaa-tibaajimotawaajin **CHATO GONZALEZ**

Omaa ko gii-taayaan omaa aya'iing Zaagiing nabaj gii-izhinikaade, mii ko imaa gaa-taayaan. Chi-mewinzha go imaa gii-taayaan. Mii dash omaa indede gaa-ishkwaa-zhimaaganishiiwid eko-niizhing iw gii-gichi-miigaading. Miish iwidi gii-izhigoziyaang Wiikwegamaang *Cove* izhinikaadeg chi-mookomaanikaadeg. Miish iwidi gonezh ingii-taamin. Akina gii-kwiiwizensiwiyaang nisayenyag naa nishiimeyag gaa-tazhi-maajaayaang gii-shimaaganishiiwiyaang niiji-akiwenziiyag. Gaa-ishkwaa-zhimaaganishiiwiyaang, mii imaa gaa-pi-azhegiiweyaang Wiikwegamaang gaa-ishkwaa-zhimaaganishiiwiyaang. Geyaabi go noongom mii endaayaan.

Miish i'iw gii-paa-andawanokiiyaan miish iwidi Wiskaansing gii-wiidigeyaan. Mii iwidi noongom geyaabi ayaayaan. Wiij'ayaawagwaa ingig indabinoojiinyimag naa-sh noozhishenyag naa niwiiw Naawakwegiizhigookwe. Naa-sh gaye noozhishenyag indaanikoobijiganag wiij'ayaawagwaa jiigayi'ii. Naa-sh gonezh ingii-anokiitawaa i'iw gii-nanaandawi'iwed nizinis Bizaanigiizhik. Gonezh ingii-anokiitawaa mashkiki go gii-paa-naadiyaan megwayaak ge-onji-mino-ayaad a'aw Anishinaabe gaa-pi-waabamigojin. Waasa ko gii-onjibaawag ingig Anishinaabeg gaa-pi-waabamigojin gii-nanaandawi'aad. Aanind ko gii-onjibaawag *Oklahoma*. Nake ongog Anishinaabeg waasa gaa-onjibaajig gii-noondamowaad o'ow a'aw nanaandawi'iwewinini onizhishid.

21

Mii iw akeyaa Anishinaabeg noondamowaad inin awiyan mii sa giige'aad inin Anishinaaben noondamowaad mii imaa ezhaawaad onizhishininig o'ow nanaandawi'iwed awiyan bimaaji'aad.

Mewinzha ko o'ow indedeyiban gii-tibaajimod gii-noondawag gii-wiindamawiyangid a'aw. Booch a'aw nanaandawi'iwewinini wii-aawid aw bezhig sa gii-inaawinden o'ow wii-nanaandawi'iwed. O'ow dash gaa-izhi-noondamaan ko, booch da-izhichiged iw akeyaa da-gashkitood o'ow nanaandawi'iwewin wii-nanaandawi'iwed da-gashkitood. O'ow dash booch imaa ingoji megwekob, megwekob imaa da-o-gawishimod. Gaawiin gaye gegoo wiisiniwin naa gaye gegoo minikwewin. Mii eta go imaa abid imaa mitakamig wenizhishininig gii-inendaagozigwen o'ow imaa ge-dazhi-gashkitood o'ow wii-nanaandawi'iwed. Mii imaa manidoon gii-pi-waabamigod da-gashkitood iw waa-izhichiged sa go da-nanaandawi'aad waa-nanaandawi'aad inin ge-bi-waabamigojin. Mii imaa da-gashkitood. Aaningodinong ko aw akiwenzii giigido ingoji igo midaasogon maagizhaa gaye ashi-naanogon iko gii-shingishing ge-gashkitood o'ow manidoon ge-wiidookaagod da-gashkitood o'ow sa da-nanaandawi'iwed inin da-nanaandawi'aad inin ayaakozinijin, mii akeyaa gaa-izhi-gashkitoowaad ongog nanaandawi'iwewininiwag inin manidoon gaa-wiidookaagowaajin imaa ge-izhichigewaad mii ge-gashkitoowaad ow maanaadak mamoowaad ji-webaasidoowaad.

Gaawiin gaye wenipanasinoon iw akeyaa. Aaningodinong iko awiya inendaagozi iw da-nanaandawi'iwed booch igo da-gashkitood maagizhaa gaye booch obitaakoshkaan da-gashkitood booch igo geyaabi go da-inendaagozid i'iw da-izhichiged waa-izhichiged sa go. Nake niin o'ow gii-wiidookawag a'aw nanaandawi'iwewinini a'aw nizinis aanind imaa ingii-gashkitoon o'ow mashkiki da-naadawagwaa geyaabi ongog Anishinaabeg o'ow ge-onji-mino-ayaawaad. Geyaabi go ingikendaan bangii sa go ani-gichi-aya'aawid awiya bangii owawaanendaan gegoo. 🖐

8 Bangii Gii-shooniyaakeyaang

Gaa-tibaajimod: **SUSAN SHINGOBE**

Gaa-tibaajimotawaajin: **MICHAEL SULLIVAN SR.**

Miinawaa indadibaajim i'iw naagaj igo indede dibi ko gii-anokiid ingoji, mii odaabaanan gii-maajii-ayaawaad. Miish ko iniw gaa-aabaji'aawaajin oodi gii-izhigoziyaang jiigikana chi-miikanaang gaa-tazhi-adaawaageyaang iko wiigwaas, gegoo sa go gakina sa gegoo sa go nimaamaa ogii-ozhitoon wiigwaas gii-aabajitood, jiimaanensan, bineshiinyiwigamigoon, akikoon.

23

Mii ko ge iniw waasa ko wiin gii-ipizowag gii-paa-naadiwaad i'iw wiigwaas. Gaawiin wiin imaa waasa ko gii-izhaasiiwag wiigob naadiwaad miinawaa mikondiin mii ko iniw gaa-aabaji'aawaajin gakina gegoo gii-kashkigwaadamowaad imaa, gii-kashkigwaadamowaad imaa gaa-onji-ozhitoowaad wiigwaas. Gii-shooniyaakewag sa go gii-izhichigewaad ow gii-adaawaagewaad iniw anooj gegoo gaa-ozhitoowaajin wiigwaasing gaa-onji-ozhitoowaad. Ge niinawind ko ingii-gikinoo'amaagoomin akeyaa ge-izhi-gashkigwaadamaang iw wiigwaas, nimisenh naa gaye niin ingii-shooniyaakemin ge niinawind ko gii-adaawetamaadizoyaang waa-piizikamaang. Miinawaa aabiding ingikendaan gii-noogishkaa'angid a'aw bemiwizhiwed, miish idi gaa-izhaayaang Bepashkojiishkiwagaag, *Aitken*. Mii idi gii-onji-izhaayaan ge aabiding gii-gikendamaang da-de-diba'amaang ge-o-babiizigaakizoyaang.

Mii sa go iw, gaawiin ingikendanziin geyaabi iw ge-ikidoyaambaan omaa. ✥

9 Mawinzong

Gaa-tibaajimod **WILLIAM PREMO JR.**

Gaa-tibaajimotawaajin **NICK HANSON**

Ahaw sa miinawaa inga-dibaajim gaa-inaapineyaan mewinzha gii-kwiiwizensiwiyaan, ingii-anokiimin iwidi gitigaan ingii-tazhiikaamin ozhaawashko-mashkodesiminan. Mii iwidi ingii-anokiimin Chi-mookomaan gaa-ayaad *Jim Jordan*.

Mii sa go misawendamaan wiiji-anokiiyaan nimaamaayiban miinawaa indedeyiban. Agaawaa o-zaagikwebi giizis gii-koshkoziyaang. Indede gii-poodawe nimaamaa gii-chiibaakwe. Ogii-ozhitoon zaasakokwaan, zhiiwitaagani-gookoosh naa gaye aniibiish ogii-iskigamizaan. Geyaabi noongom indaa-biijimaandaan i'iw apiichi-misawendamaan. Ishkwaa-wiisiniyaan mii sa go maajaayaan iwidi ingii-anokiimin.

Mii sa go naadiyaan iw makak gaa-aabajitooyaan imaa. Giishpin mooshkinadooyaan i'iw aabitawaabik inga-miinigoo. Mii sa go maajii-anokiiwaad, apiichi-gizhaatemagad, aaningodinong o-biibaagi ikwe ganabaj, ganabaj ogii-waabamaan iniw ginebigoon.

Apane gii-ikido nimaamaa, "Gego izhaaken idi megwekobiing, omaa anokiin. Ayaawag idi megwekobiing chi-awesiinyag, giga-nawadinigoo." Ingii-miinig ozhaashi-manoomini-makak, "Giishpin mooshkinadooyan, giga-miinigoo miskwaabikoons." Enigok ingii-anokii wii-mooshkinadooyaan i'iw makakoons. Midaaswaabikoons ingii-gashkitoon gii-anokiiyaan. Ishkwaa-anokiiyaan ingii-izhiwidoomin iniw makakoonsan gaa-mooshkinadooyaang naa zhooniyaa ingii-miinigoomin. Mii iwidi gaa-adaaweyaan iw dekaag gaa-misawendamaan. Mii sa go ishkwaa-anokiiyaan mii sa niwii-tazhitaa.

Mii iwidi megwekobiing ingii-pimibatoomin babaamaandaweyaang mitigong ingii-kaazomin. Gaawiin ingii-noondawaasiin nimaamaa gii-piibaagimid, ganabaj niwii-wiisinimin. Ishkwaa-dazhitaayaang gii-kiiweyaang, gii-nishkaadizi nimaamaa, ingii-piibaagimig, "Aaniish wenjibaayan?" gii-ikido. Gaawiin niwii-kiiwanimosiin. Ingii-ikid, "Besho omaa, megwekobiing ingii-tazhitaamin." Ishkwaa-wiisiniyaang, niwii-nibaamin mii iwidi babagiwayaanegamig ingii-piindoodemin. Geyaabi bangii ingii-waabandaan iw mashkode agwajiing. Gegoo iwidi megwekobiing gii-niikimo, awegodogwen. Baanimaa imaa aasamisag gii-pimose awegodogwen agawaateyaag. Gaawiin ingii-gikendanziin gaa-pimosed.

Mii i'iw gaawiin wiikaa miinawaa ingii-izhaasiin waasa iwidi megwekobiing. 🖐

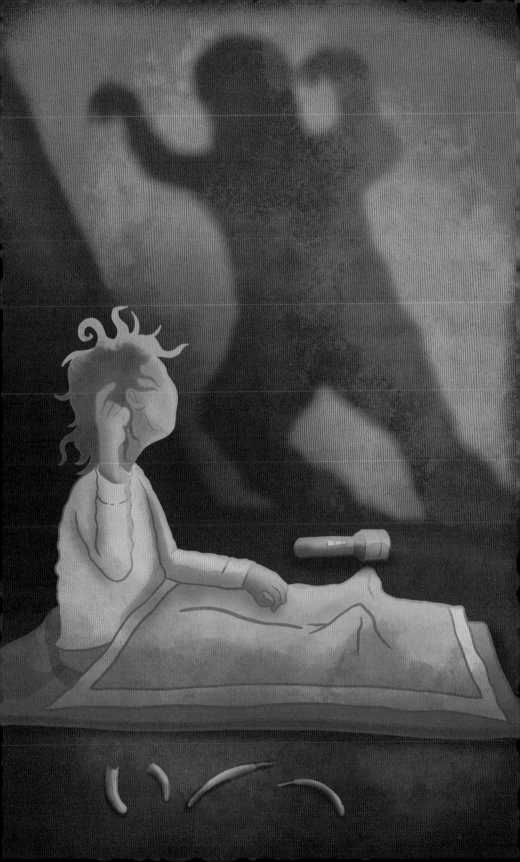

10 Maniwiigwaaseng

Gaa-tibaajimod **SUSAN SHINGOBE**

Gaa-tibaajimotawaajin **MICHAEL SULLIVAN SR.**

Gaa-pi-izhi-waabamagwaa sa eta go nigitiziimag ko gaa-izhichigewaad megwaa eni-niibininig, baa-maniwiigwaasewaad. Mii ge gaa-izhi-gikendamaan iwapii bekwaniinig iw wiigwaas, mii ko ge gaa-izhi-gikendamowaad iwapii bekwaniinig iw wiigwaas, mii iwapii gii-paa-maniwiigwaasewaad. Aabiding nigii-paa-wiiji'iwe, maazhaa ingikendaan sa wiin igo aabiding gii-paa-wiiji'iweyaan gaye niin gii-paa-wiidookaazoyaan, gii-paa-bishaga'amowaad iw wiigwaas.

Gaawiin imaa besho gaa-taayaang gii-tagosinoon iw gii-ondinamowaad wiigwaasi-mitigoon, waasa ko gii-apizowag, baa-nandawiigwaasewaad. Debisewendamowaad, mii go bi-giiwewaad. Mii ko iwidi dash gaa-izhi-goziyaang jiigikana, geyaabi sa go imaa iw chi-miikana dagon 169. Mii iwidi gii-onaakwa'ang indede jiigayi'ii iw bimadamog chi-miikana, gii-o-ozhigeyaang. Gii-ozhitooyaang wiigwaasi-jiimaanensan, bineshiinyiwigamigoon, miinawaa akikoog, mazinigwaadeg ge iniw aanind gaa-ozhitoojin nimaamaa.

Gashkigwaasoo-makakoonsan ge ogii-ozhitoonan. Gibaabowe'iganan ko imaa ge ogii-ozhitoonan iw gaa-inaabajitood ko gii-kashkigwaasod.

Gii-paa-maniwiigwaasewaad nimaamaa naa iniw oshiimeyan, gii-chekaakwa'amoog imaa megwekob gii-paabii'o iwidi indede

31

miikanaang ogii-ayaawaan odaabaanan, gaawiin wiin gii-paa-
wiiji'iwesiin iwidi megwekob baa-maniwiigwaasewaad nimaamaa
naa iniw oshiimeyan.

Mii ge ayiigwa bapaakwa'amowaad imaa miikanaang iw ogii-
waabamaawaan go iwidi iniw indigo, waasa gii-madwe-ayaanid.
Nimaamaa ge anooj gaa-izhi-inwekaazod, gaawiin ko gii-nitaa-
zhaaganaashiimosiin.

Nindede gii-kinjiba'iwed, baabiibaagimigod, baamaa wiin i'iw
anooj gii-inwekaazod nimaamaa inaabid indede, iwidi imaa akeyaa
miikanaang. Maazhaa ge gaa-izhichigegwen, maazhaa gaa-onji-
ginjiba'iwed wii-naganaad gizhaadigewininiwan. Mii gaa-inenimaad
gaa-piibaagimigojin. Maazhaa anishaa go gaa-inaagwen.

Gaa-izhi-chi-ginjiba'iwed ge indede, gaa-izhi-nagajiba'aad iniw
odoodaabaanan. Aano-gii-biibaagimaad nimaamaa, "Anishaa

sha naa gidigoo!" Gaawiin ganage, apane jekwaakobatood imaa megwayaak, imaa baabii'aawaad ayiigwa da-mookiinid maazhaa gii-o-gaazo imaa megwekob. "Madwe-ganoonin! Anishaa sha naa gidigoo!"

Miish bijiinag gii-pi-izhaad imaa, gii-ni-noogishkaad imaa odoodaabaaning. Amanj ge gaa-onji-ginjiba'iwegwen maazhaa ogii-kosaan iniw gizhaadigewininiwan. Mii ko ge niibing oodi gii-pi-wiij'ayaawangidwaa omaa akeyaa miinikaang ingii-pi-wiijiiwaanaaning Anishinaabeg. Aazhoomog izhinikaadeg. *Danbury,* mii na ezhinikaadeg? Mii ko miinan gii-pi-maamiginamaang gii-adaawaageyaang.

Mii sa naa ganabaj eta ezhi-gikendamaan gii-izhichigeng gii-niibing.

11 Ikwewag Ogikendaanaawaa

Gaa-tibaajimod **JAMES MITCHELL**

Gaa-tibaajimotawaajin **JOHN BENJAMIN**

Akiwenziiyag nimikwenimaag ko maawanji'idiwaad dazhindamowaad akeyaa ge-izhichigewaad. Miish omaa aabiding ninoondawaag dazhindamowaad manoominikewin naa manoomin. "Akawe waabang bi-azhegiiweyang gidaa-dazhindaamin miinawaa manoomin. Mii sa eni-dagoshineg endaayeg gidaa-gagwejimaawaag giwiipemaaganiwaa."

Mii azhigwa gagwejimaawaad iniw odikwemiwaan. "Weweni na bangisemagad i'iw manoomin bakite'aman?" "Gaawiin," mii go akina ingiw ikwewag gaa-ikidowaad. Mii azhigwa maawanji'idiwaad miinawaa akiwenziiyag. "Gigii-kagwejimaa ina giwiipemaagan o'ow manoomin gaa-tazhindamang?" "Enyanh'," ikido a'aw akiwenzii. "Gaawiin bangisemagasinoon." Aaniish-naa, "Giga-nagajisidoomin ina?" ikido a'aw akiwenzii gii-ishkwaa-gagwejimaad akina omaa akiwenziiyan eyaanijin. "Ahaaw," ikidowag akina omaa eyaajig. "Mii go izhi-nagajisidoon." "Ahaaw, nawaj geyaabi giga-dazhindaamin."

"Mii go megwaa manoominikeyang ganawaabam ingiw wazhashkwag. Maazhaa gaye gidaa-niiwana'waawaa ganage niswi, gidaa-miinaa giwiipemaagan da-biini'aad. Miish gaye gidaa-gagwejimaa, 'Mii na azhigwa da-wanii'igeyaang?'"

Mii azhigwa ishkwaa-manoominikeng. Ikwewag niibowa gaye wiinawaa gii-ikidowag maawanji'idiwaad ingiw akiwenziiyag. 🍂

35

12 Giigoonh Gaa-amwangid

Gaa-tibaajimod **BETTE SAM**

Gaa-tibaajimotawaajin **MONIQUE PAULSON**

Aabiding ingoji go gii-agaashiinyiyaan, gaawiin
ingikendanziin daso-biboonagiziwaanen. Gaa-izhi-
wiijiiwagwaa ingiw nigitiziimag wii-pagida'waawaad iniw asabiin.
Gii-piboon igo gaa-ozhitoowaad, gii-pagone'waad iniw mikwamiin
wii-pagidinaawaad iniw asabiin imaa gii-ozhitoowaad i'iw
bagone'waad iniw mikwamiin. Dwaa'igewaad iniw mikwamiin
naa ge ogii-ayaanaawaan iniw, gii-ginwaamagad mitigoon wapii
gaa-izhi-dakobinaawaad asabiin imaa mitigoonsan. Maagizhaa
ge niiwin gii-pagone'owewaad imaa mikwamiing imaa gaa-izhi-
dakobinaawaad asabiin. Gaa-izhi-bagidinaawaad nibiing dibishkoo
go gaanjida'amowaad iniw mitigoon imaa dakobinaawaad iniw
asabiin, giigoonyan wii-tebinaawaad. Gaawiin igo nimikwendanziin
akina gaa-izhichigewaagwen iidog gikendamaan iniw asabiin gii-
pagida'waawaad.

Gigizheb miinawaa gaa-izhi-wiijiiwagwaa. Niwaabamaag
sa go ge-izhichigewaad. Gaa-izhi-giizhoopinigooyaan. Gii-
gisinaamagad igo gii-naanangid a'aw asab. Babiikwadin miinawaa
imaa mikwamiing. Dwaa'iged nimishoomis ji-bagonezid a'aw
mikwam. Gaa-izhi-wiikobinaawaad mitigoon. Gomaa minik omaa
gii-tebinaawaad iniw giigoonyan. Nookomis gii-ni-apaginaad imaa
mashkimodaang gaa-piidood. Aabaji'ind biboonidaabaanens
wiikobidoowaad akina gegoo gaa-aabajitoowaad. Weweni

gii-izhichigewag, gii-piinichigewaad akina gegoo gaa-izhiwidoowaad mikwamiing. Gaawiin wiikaa gegoo ogii-nagadoosiinaawaa.

Jibwaa-bagida'waawaad asabiin, booch igo asemaan gii-asaawaad imaa nibiing, biindaakoojigewaad. Nimishoomis ogii-piini'aan giigoonyan. Nookomis, mii o'ow gaa-saasakokwaanaad giigoonyan. Apane gaa-pi-izhi-minwendamaan gii-amwangid a'aw giigoonh. Mikwendamaan i'iw, ezhi-bakadeyaan izhi-misawendamaan ji-amwag giigoonh, aw mizay! 👈

13 Wanii'iged Miinawaa Baa-agoodood

Gaa-tibaajimod **SUSAN SHINGOBE**

Gaa-tibaajimotawaajin **MICHAEL SULLIVAN SR.**

Nidadibaajim nimaamaa ko gaa-pi-izhi-noondawag gaa-ikidod. Amanj gaa-taso-biboonagiziwaanen gii-pabizindawagwaa ko gaagiigidowaad, indede nimaamaa. Nitam iw gigizhebaa-wiisiniwaad giiwenh, gigizhebaa-wiisiniyaang sa go, gegaa aabita eni-gidaanaweyaang, bagamaawanidiwaad ingiw, mii gii-wanendamaan gaa-izhi-wiinaad iniw ikwewan naa iniw oniijaanisan, aaniish-naa, booch da-gii-ashamangidwaa ikidod nimaamaa. Megwaa eshkwaa-wiisiniyaang, mii gaawiin gegoo ge-miijid, gaawiin gegoo ingii-ishkwandamawaasiin indede, gaa-izhi-gidaamawind akina gegoo, meta go baa-ozhiitaad indede iidog gii-paa-nandawaabandang iniw wanii'iganan ko ogii-paa-nandawaabandaanan iwidi zaaga'iganing, iwidi wiikwedong. Mii ko imaa gii-wanii'amawaad iniw wazhashkwan miinawaa zhaangweshiwan, mii ko ge iniw gaa-tasoonaajin iwidi baamaa ji-wanii'iged, mii ko zhooniyaan gii-ozhi'aad.

Wegodogwen ko iwidi gaa-paa-miijigwen akeyaa wiin megwekob gii-paa-izhaad gii-paa-nandawaabamaad iniw egoodood nagwaaganan. Mii ko imaa gii-piinaad nagwaanaad iniw waaboozoon. Naa aaningodinong ko iidog ogii-nagwaanaan iniw waawaashkeshiwan maazhaa iniw gidagaakoonsan. Miish ko nimaamaa gaa-ikidod, "Wegodogwen ko iwidi gaa-paa-miijigwen iko gabe-giizhig baa-ayaad, maazhaa miinan, ode'iminan, wegodogwen

39

ko dinowa." Niibowa sa go gegoo gii-ayaamagadoon iw, geget ko ingiw odatagaagominag.

Akina gegoo ko ingii-miijimin. Awesiinyag waaboozoog, zhiishiibag, giigoonyag, akina go awiya giigoonh, wawaazisii, ogaa, ginoozhe. Akina gegoo sa go ingii-miijimin aya'aa ge zhiishiib. Gaawiin sa go ganabaj wiikaa ingii-bakadesiimin apane indede gii-ni-izhi-wanii'iged.

Iwidi ko ingii-namadabimin agwajiing, wiigwaasan gashkigwaadamaang nimaamaa, indede, baamaa go ge niizh odaabaanag gaa-chi-biijibizowaad, gii-onzaamibizowag wewiib indede gaa-izhi-bazigonjised gii-o-biindiged iwidi endaayaang. Mii iwidi gii-pimi-agoonaad ko iniw gaa-wani'amawaajin, wazhashkwan miinawaa zhaangweshiwan. Mii geget imaa gizhaadigewininiwag gii-o-biindigewaad iwidi endaayaang. Mii gaawiin gegoo ogii-mikanziinaawaa. Dibi indede wewiib gii-o-gaanaagwen iniw gaa-tasoonaajin iniw wazhashkwan miinawaa zhaangweshiwan.

Mii gaawiin gegoo ogii-mikanziinaawaa imaa biindig ingiw gizhaadigewininiwag. Gaa-ni-maajiibizowaad, indedeyan nimaamaa gagwejimaad, "Aaniish naa gii-o-gaanadwaa ingiw imaa gaa-tasoonajig?" Gizhaabikizigan ko ingii-ayaamin imaa naawayi'ii ateg endaayaang *air-tight heater*. Mii iidog imaa okijiikaaning gii-o-zhegonaad. Mii gaawiin, gaa-onji-mikawaasiwindwaa. Gii-nibwaakaa iidog indede wewiib gii-izhichiged i'iw gii-o-zhegonaad imaa okijiikaaning, wewiib gii-o-gaanaad. ✋

14 Ishpendaagwad Gaa-wiiji-gashkigwaasowaad Nookomis gaye Nizigozis

Gaa-tibaajimod **DAVID SAM**

Gaa-tibaajimotawaajin **KIM ANDERSON**

Mii iko omaa nookomisiban apane gii-aabajitood igo i'iw wiigwaas, gii-ozhitood igo akikoon, omaa igaye jiimaanesan omaa gaye gaa-aabajitood imaa ji-atood imaa waabigwaniin Gii-baatayiinad sa gaa-ozhitood. Mii imaa biboong gaa-tazhi-gashkigwaasod i'iw gii-ozhitood i'iw aabajitood i'iw wiigwaas gaye wiigob, mikondiinsag igaye.

Mii imaa dash ziigwang, mii imaa gii-ishkwaa-gikinoo'amaagooyaan imaa gaa-pi-izhaayaan iko imaa Chi-minising akeyaa. Mii dash gii-ishkwaa-izhaayaan imaa gikinoo'amaading ingii-izhaa imaa akeyaa Neyaashiing omaa, omaa eyaamagak ataagewigamig azhigwa, gaawesh naa ogii-ayaanziinaawaa ataagewigamig i'iw gaa-pi-izhaayaan omaa.

Mii imaa bi-agoojigeyaang anooj sa adaawaageyaang o'ow gaa-ozhitood wiigwaasing. Mii gaye niin sa naa gaa-waabanda'id gii-gikinoo'amawid iw gwayak ji-ozhitooyaan gaye niin onow jiimaanensan.

Mii dash gii-agoojigeyaang imaa iw chi-miikana imaa bi-ayaad omaa waazakoneyaag i'iw ataagewigamig azhigwa. Gii-baatayiinowag igo odaabaanag omaa gaa-pi-izhaajig nayenzh igaye gaa-izhaawaad, zhaawanong imaa igaye gii-izhaawaad giiwedinong.

43

Imaa naaningodinong dash bi-nagaashkaawaad ingiw Chi-mookomaanag gii-odaabii'iwewaad imaa, mii omaa bi-nagaashkaawaad bi-waabandamowaad iniw sa gaa-ozhitooyaang. Mii imaa gaa-tazhi-gashkigwaasoyaang niin dash gaye nookomis.

Mii dash miinawaa omaa geget gii-maajii-wiij'ayaawag omaa niwiidigemaagan azhigwa ayaawag omaa. Mii omaa nizigozis omaa ingii-pi-wiijiiwaa naaningodinong imaa ingii-wiidookawaa sa gii-ozhitood iniw sa anang-waaboowayaanan gaa-tazhi-ozhitood. Mii imaa gii-namadabid a'aw nizigozis, niwiiw omaamaayan. Mii imaa dash niin gii-kiishkikonangid o'ow waa-aabaji'angid o'ow ji-ozhi'angid aw anang. Mii imaa niin da-zagaakwa'amaan. Mii imaa gaa-izhi-gikinoo'amawid iw gwayak ji-ozhitooyaan onow nikonaasan.

Mii dash geyaabi sa naa omaa naaningodinong, nindoozhitoonan onow wiigwaasi-jiimaanensan omaa nindaabajitoon naa atooyaang sa imaa nayenzh ezhitooyaang manoomin igaye i'iw zhiiwaagamizigan gii-ate imaa biindig imaa jiimaaning.

Mii dash ezhi-miigiweyaang iwidi ji-aabajitoowaad sa ongow sa asigizhooniyaaweyaang imaa gabe-gikendaasoowigamigong. Mii imaa gaa-piidooyaang iniw. Mii omaa azhigwa naanigodinong azhigwa ezhi-naanaagadawendamaan i'iw sa go gaa-pi-wiij'ayaawagwaa omaa nookomis igaye nizigozis. Mii apane gaa-izhi-ganoonag nimaamaa igaye. Mii imaa ezhi-inendamaan ongow ikwewag, mindimooyenyag sa naa geget ingii-minwendaan i'iw imaa bi-wiidookawagwaa o'ow ji-ozhitoowaad onow nikonaasan, naaningodinong gaye niin nindoozhitoon anang-waaboowayaan. 👋

15 Zhawenindiwin

Gaa-tibaajimod **JOSEPH NAYQUONABE SR.**

Gaa-tibaajimotawaajin **DUSTIN BURNETTE**

 Gii-agaashiinyiyaan ingii-wiij'ayaawaag nimishoomis naa nookomis. Niibowa imaa ingii-waabandaan zhawenindiwin naa wiidookodaadiwin. Gaawiin ingii-waabandanziin giikaandiwin naa miigaazowin. Mii eta go gii-shawenindiyaang. Mii dash imaa Misi-zaaga'iganing imaa ingii-ayaamin dagwaagig, biboong, naa ziigwang. Miish wiin imaa niibin ingii-izhaamin *Pequot Lakes*. Mii iwidi gii-ozhitooyaang i'iw waakaa'igaans gaa-makadewegak. Mii go gii-wiidookodaadiyaang gii-ozhitooyaang. Mii iw nimishoomis ogii-naadin i'iw wiigwaas naa iw wiigob, mikondiinsan.

Mii dash a'aw nookomis gaa-ozhitood iniw makakoon naa ge iniw jiimaanensan. Mii ge imaa gii-agoojigewaad imaa gii-ayaayaang. Besho imaa miikanaang ingii-ayaamin. Ayaangodinong ko wayaabishkiiwed imaa gii-nagaashkaa bi-waabandang sa iniw gaa-ozhitooyaang. Ayaangodinong ogii-adaawenan gegoo. Mii a'aw meshkwadoonigan gaa-aabaji'angid sa ji-adaaweyaang wiisiniwin, biizikiiginan, makizinan naa go anooj gegoo ayaabajitooyaang.

Ingii-waabandaan niibowa zhawenindiwin. Weweni ingii-kanawenimigoog gikinaa'amawiwaad i'iw anishinaabewiwin. Mii eta go i'iw Ojibwemowin gaa-aabajitooyaang gii-kaagiigidoyaang. Gegaa go omaa dagwaaging ingii-pi-azhegiiwemin imaa Misi-zaaga'iganing. Ogii-ayaanaawaan imaa waakaa'iganan, mii ingiw *CC Camp* gaa-ozhitoojig.

Mii ge omaa wapii ongow Misi-zaaga'igan Anishinaabeg gii-paakiiginaawaad iniw gimishoomisinaanin naa a'aw nookomis. Gii-niimi'iwewininiiwi a'aw nimishoomis naa gii-ogichidaakwewi a'aw nookomis. Mii go apane gii-wiijiiwagwaa sa iwidi gii-niimi'idiiwaad.

Mii eta go imaa gii-namadabiyaan naa bizindawagwaa ingiw gaa-kanawaabiyaan niimiwaad. Nimiigwechiwi'aag imaa gii-gikinaa'amawiwaad sa i'iw anishinaabewiwin. Nichi-miigwechiwi'aag gii-gikinaa'amawiwaad Ojibwemowin.

Gaawiin aapiji geyaabi niwaabandanziin awiya ezhichiged o'ow noongom. Aanind wiin igo izhichigewag. I'iw gii-nisiyaang noongom azhigwa mikwendamaan ayaangodinong ko gii-mikwenimagwaa ongow nimishoomis naa nookomis. Chi-niibowa imaa ayaamagad i'iw zhawenindiwin. Ingii-chi-zhawenimaag naa ge wiinawaa ingii-chi-zhawenimigoog. Gaawiin gegoo omaa gii-ayaamagasinoon giikaandiwin naa miigaazowin naa maazhendamowin. Mii eta go weweni gii-kaganoonidiyaang.

Noongom ko niwaabamaag Anishinaabeg giikaandiwaad, gegoo anooj ekidowaad nishkaadiziwaad, miigaadiwin, giikaandiwin. Mii iw ge besho enawemaawaajin, i'iw ge ingiw giikandiwaad, nishkaadiziitaadiwaad. Mii niin i'iw gaawiin niwaabandanziin gii-wiij'ayaawagwaa ingiw chi-aya'aag. Indinendam niin wiin igo, mii eta go gaa-aabajitooyaang Ojibwemowin, mii eta go ayaabajitooyaang, gaawiin Zhaaganaashiimowin ingii-aabajitoosiimin. Naa ge gaawiin ingii-bitaakoshkanziimin i'iw ezhiwebak bakaan. Mii eta go ingiw wayaabishkiiwejig gaa-nagaashkaawaad imaa ji-adaawewaad waabandamowaad i'iw. Mii eta go ingiw gaa-waabamangijig.

Noomaya go omaa gii-wiindamawag wa'aw bezhig inini noongom. Niwiindamawaa waa-tazhindamang. Niwiindamaag maagizhaa ingiw Anishinaabeg wenji-mino-bimaadiziwaad. Gaawiin aapiji ogii-bitaakoshkanziinaawaa i'iw agwajiing, agwajayi'ii imaa eyaamagak anishinaabe-ishkonigan. Maagizhaa

gaawiin aapiji niwaabandanziimin i'iw. Mii dash azhigwa noongom apane waabandamaang ezhiwebak, maagizhaa ge onow makakoonsan enaabajitoowaad abinoojiinyag. Waabandamowaad i'iw miigaazowin, giikaandiwin, mii dash azhigwa giinawind aabajitooyang wayaabandamang. Mii niin i'iw enendamaan. Maagizhaa bakaan ayinendam, mii go maanoo.

Mii ge i'iw akiwenzii gii-kaganoonag aabiding. Ingii-kagwejimaa, "Aaniish wenji-inigaaziyang?" Nake i'iw ayaabajitood azhigwa a'aw Anishinaabe a'aw wayaabishkiiwed onibiim. Mii imaa gii-gikinaa'amaagooyaan, mii ji-wiidookawagwaa ongow gidinawemaaganinaanig sa ayaabajitoowaad a'aw wayaabishkiiwed onibiim. Nake niibowa omaa ayaamagad omaa Misi-zaaga'iganing sa ji-wiidookawind a'aw Anishinaabe akina gegoo ezhiwebizid. Nake ongow gimishoomisinaanig naa ge a'aw nookomisinaan naa ge omaa gidayaamin i'iw midewiwin. Naa ge niibowa gidayaamin iniw ge-wiidookaagooyang ashangewikwewag, naa ge gikinaa'amaadiwin naa ge i'iw ji-ganawenimindwaa sa aakoziwaad ayaamagad imaa. Niibowa omaa gidayaamin, niibowa omaa eyaamagak ji-wiidookawind a'aw. Mii go akina gegoo ezhiwebizid a'aw Anishinaabe ayaamagad ji-wiidookawind.

Niwiindamaag dash gidayaamin noongom niizh bimaadiziwinan. Bezhig, a'aw wayaabishkiiwed obimaadiziwin gidaabajitoomin. Niizh dash iniw Anishinaabe. Aanind ge gidaabajitoomin. Niwiindamaag dash wii-ni-gwayako-ayaayang, giga-azhegiiwemin ji-anishinaabewiyang. Mii iw ge-aabajitooyang ji-boonitooyang wiin i'iw wayaabishkiiwed obimaadiziwin.

Geget igo aanind a'aw wayaabishkiiwed eyaang onizhishin. Naa ge niibowa odayaan mayaanaadak. Mii eta go i'iw wenizhishing ge-debibidooyangiban ge-aabajitooyang. I'iw dash mayaanaadak ji-boonitooyang, gaawiin ji-debibidoosiwang.

Niibowa ingii-makamigoomin, nake i'iw Ojibwemowin,

naa ge a'aw Anishinaabe gaa-aabajitood sa ji-naabishkawaad iniw manidoon. Dibishkoo go ingii-kagwe-makamigoomin i'iw anishinaabewiwin. Aaningodinong ko indinendam maagizhaa mii iw wenji-inigaaziyang, gagwe-gashkitooyang sa miinawaa ji-debibidooyang i'iw anishinaabewiwin. Dibishkoo go giwanishinimin. Mii go dibishkoo go gagwe-mikamang omaa wenji-ayaayang akiing. Niwaabandaan noongom gagwe-mikamowaad i'iw anishinaabewiwin. Nake ingiw gikinaa'amaagewininiwag gikinaa'amaading gagwe-gikinaa'amaagewaad i'iw Ojibwemowin.

Naa ge aanind obi-naazikawaawaan azhigwa iniw gimishoomisinaanin naa nookomis. Mii azhigwa bi-dagoshinowaad ingiw Anishinaabeg, bi-azhegiiwewaad ingiw Anishinaabeg. Aanind ge azhigwa midewiwag. Indinendam maagizhaa mii gashkitooyang miinawaa omaa aabajitooyang i'iw anishinaabewiwin akina anishinaabewiwin. Mii ji-ni-gwayako-ayaayang. Maagizhaa bakaan awiya ayinendam, mii go maanoo. Mii iw. 👋

16 Apiitendan Eyaamagak Maajiiging Megwayaak Ge-onji-mino-ayaayan

Gaa-tibaajimod **RALPH PEWAUSH**

Gaa-tibaajimotawaajin **CHATO GONZALEZ**

Yo'ow manoomin maajiiging isa zaaga'iganan mashkikiikaamagak da-minoging o'ow manoomin dagwaaging o'ow oshki-gashkichigaadeg ow manoomin, booch da-asemaakaadamowaad o'ow geshkitoowaad nitam geshkitoowaajin. Asemaakaadamowaad i'iw manoomin nashke ge aanind imaa wiisiniwin achigaadeg wiin iko aanind go bangii manoomin eta go gaa-izhi-asemaakaadamowaad. Gaawiin go aapiji niibowa imaa ayaamagasinoon iw gaagiidowin. Mii eta go wiindamawindwaa ingig manidoog bagidinamawadwaa onow asemaan sa ge-onji-minoging.

Naa-sh igo miinawaa go miinawaa da-ni-waabandaman miinawaa naazikaamagak miinawaa, miinawaa idi niibing indaa-ikid. Mii ow wenji-maajiiging o'ow manoomin weweni. O'ow sa Anishinaabe weweni izhichiged asemaakaadang i'iw manoomin minwendamowaad iw manoomin ezhichiged aw Anishinaabe gegoo gaa-pi-izhi-miinind ge-izhichiged sa go ani-gaagiijitood akina, akina gegoo asemaakaademagak a'aw Anishinaabe ge-ni-aabajitood. Nake gaye ongow waawaashkeshiwag indaa-ikid, booch iw asemaakewaad ongow iko gii-chi-miiniyangid nizinis. Ke ko gebwaa-giiwoseyaang, mii imaa asemaakaadamaang o'ow sa giiwosewin sa da-inendaagozid a'aw Anishinaabe da-miinigoowizid o'ow gwayakochiged o'ow gegoo

gaa-pi-izhi-miinind ayaabajitood a'aw Anishinaabe. Mii akeyaa ge-
izhichigewaapan. Ke go aanind noongom mii go ezhi-maajitaawaad
ongow baa-giiwosewaad. Geget oshki-nitaaged i'iw aya'aa awiya go
ikwezens maagizhaa gaye gwiiwizens oshki-nitaaged, booch o'ow
da-asemaakaadang o'ow sa waawaashkeshiwi-wiiyaas. Aanind iko
ogii-aabajitoonaawaa ode'.

Mii go gaa-aabajitoowaad aanind asemaakaadamowaad
wiindamawaawaad inin manidoon sa gii-miinigoowizid iw wiiyaas
ani-aabajitood da-ni-ashamaad inin odinawemaaganan naa-sh
inin wiij-anishinaaben dibishkoo ge mewinzha iko o'ow ko idi
gii-ayaayaang imaa akeyaa, bangii akeyaa-sh giiwedinong *Aitken*,
Bebashkojiishkiwagaag ezhinikaadeg idi megwayaak, indedeyiban
iko gii-anokiiwag naa-sh gii-miinigoowiziwaad i'iw wiiyaas.
Booch asemaakaadamowaad i'iw asemaakaadamowaad iko wii-
wiindamawaawaad inin manidoon ezhichigewaad. Onizhishin
iw akeyaa ezhichigewaad Anishinaabeg ge wiin i'iw manoomin
asemaakaadamowaad. Mii go miinawaa maajiiging miinawaa
weweni mino-doodamowaad inin sa go ge-onji-maajiiging
gegoo, asemaan gii-miinaawaad inin manidoon. Manidoog
ominwendaanaawaa ige ashamindwaa naa gaye go naa-sh o'ow
asemaan igo miinindwaa o'ow ezhichigewaad.

I'iw noomaya go imaa mamikwendamaan mikwendamaan,
aaniin akeyaa a'aw netaa-gaagiigidosig Anishinaabe, mii iw
waa-sanagak. Gashkitoowaad o'ow da-ojibwemowaad bangii go
miinaawaad inin manidoon gegoo ge-onji-gashkitoowaad. Ke-sh
igo noomaya wawaanendamoog ongow Anishinaabeg ge-ikidowaad
gegoo ge-ni-izhichigewaad niwaabandaan igo noongom. Gegoo
iwidi ayaanid inin oodenawitoowaad Anishinaabeg, gaawiin
izhichigesiiwag i'iw.

Geget nibiikaang izhaayan, gegoo nandawaabandaman
ge-miijiyan, maagizha gaye giigoonyag akina sa go gegoo imaa

ayaamagak imaa nibiikaang, mii iw gwayakochiged o'ow miinindwaa
ongow manidoog asemaan wii-mamooyan gegoo ge-gashkitooyan
sa go da-miijiyan ashandizoyan. Mii gaa-paa-izhichiged aw
Anishinaabe mewinzha. Mii gaa-onji-minokaagod a'aw Anishinaabe
mewinzha ow gii-miijid ow sa gaa-miinind da-ni-miijid ow sa iwidi
ishkweyaang. Mii eta go gaa-ayaamagak iniw, ongog bemibatoojig
megwayaak naa gaye giigoonyag, mii iw gaa-pi-izhi-miinind a'aw
Anishinaabe da-ni-aabajitood. Miish iw aabajitood o'ow, mii iw
waabandaman ani-gichi-aya'aawid, gaawiin oziigiingwesiiwag
ingiw aanind, gaawiin. Mii go aya'aansiwinaagozid imaa namanj
igo endaso-biboonagizigwen. Mii imaa da-ni-waabandaman wa'aw
Anishinaabe aabajitood i'iw gaa-miinigoowizid. Onizhishin i'iw.
Mii go imaa akina biinjaya'ii, mii go zhooshkiiginaagwak igo
ani-apiitiziyan. 👋

17 Mewinzha Gii-shooshkwaada'eyaang

Gaa-tibaajimod **BETTE SAM**

Gaa-tibaajimotawaajin **MONIQUE PAULSON**

Mewinzha ko ingii-shooshkwaada'emin. Akina go apane gii-naazikamaang i'iw mikwamiikaag zaaga'igan. Mii eta mikwam gii-ayaad. Gaawiin wiikaa goon gii-ayaasiin. Gii-shooshkwaada'eyaang, booch igo gii-ozhitoowaad iw gii-zakizowaad iniw odaabaani-makizinan gii-chaagizamowaad, gii-ozhitoowaad ishkode, gii-poodawewaad.

Aaningodinong niswi gii-zakidemagadoon namekwaan boodawaadeg. Bezhig ko gaa-izhi-wiindamaang *Kegg's Point* ge wiinawaa gii-poodawewaad. Naa bezhig naa gaye gii-ayaamagad adaawewigamig *Cash's Store* ko gii-izhinikaadeg. Gii-poodawewag abinoojiinyag apane go gaa-izhi-zhooshkwaada'eyaang, mii sa go akina go gii-ayazheyaadagaakoyaang. Mii go apane gaa-izhi-minawaanigoziyaang zhooshkwaada'eyaang.

Niibowa ingii-ayaamin. Mii sa go Waaseyaange apane ingii-wiidamawaanaan, "Gego imaa besho izhaaken boodaweng." Bezhig omaa ji-babaa-zhooshkwaada'ed dibishkoo go ingii-kagaanzomaanaan gaa-izhi-animaada'ed *Kegg's Point* naa gii-azhegiiweyaang, niibowa gii-paa-ayaayaang zhooshkwaada'eyaang chi-minwendaagoziyaang.

Waaseyaange apane besho baa-zhooshkwaada'ed imaa boodaweyaang. Gaawiin wiikaa ingii-bizindaagosiinaan. Apane gii-kagiibaadizi anooj gii-izhichiged, maamakaadiziikaazod. Weweni indaano-wiindamawaanaan, "Waaseyaange, gego miinawaa izhichigeken i'iw chi-besho zhooshkwaada'eyan imaa boodaweng!"

Gaa-izhi-maajii-zhooshkwaada'ed, mii sa go naa gii-pi-azhegiiwed wii-aazhawigwaashkwanid imaa zakideg, ji-o-gwaashkwanid. Gaa-izhi-noondebizod gii-pangishing imaa naawayi'ii boodaweng, gii-saswebiigishkang i'iw nibi naa iw ishkode-bingwi naawayi'ii gii-pangishin ji-nisaabaawed niibowa nibi gii-ayaamagad. Ganabaj igo gii-agajishin ji-giizikawaad onow zhooshkwaada'aaganan madwe-niibawid gaa-izhi-maajaad ani-giiwed. Gaawiin miinawaa ginwenzh ko wiikaa gii-pi-zhooshkwaada'esiin. Ganabaj igo gii-agajishin sa go.

Gaawiin ge wiikaa ingii-miigaadisiimin, apane gaa-zhawenindiyaang eta go, ingii-minwendaagozimin. Mii iw. ✑

18 Animoons Giimooji-gaanag

Gaa-tibaajimod **BRENDA MOOSE**

Gaa-tibaajimotawaajin **PERSIA ERDRICH**

Chi-mewinzha, gii-abinoojiinyiwiyaan, ganabaj ingii-niso-biboonagiz, mii iwidi Waawiyegamaag endaayaang gii-wiiji'ayaawagwaa ingitiziimag miinawaa gaye nimishoomisag. Mii eta go niin ingii-abinoojiinyiw imaa endaayaan, gaawiin mashi nishiimeyag gii-ondaadizisiiwag. Mii eta go niineta gii-pabaadazhitaayaan imaa biinji-waakaa'igan. Agwajiing gii-izhaayaan mii ingiw noozhishenyag gaa-kanawenimigooyaan gii-odaminoyaan.

Gii-agaashiinyiyaan, ganabaj igo nigii-niso-biboonagiz, mikwendamaan gii-bagidinigooyaan gii-maajii-dibenimag a'aw animoons. Indedeyinaan oshiimeyan gii-ayaawag besho imaa endaayaang. Ogii-ayaawaan oniijaanisan, ganabaj omaamaayiwaan gii-nibonid gaa-pi-onji-goziwaad imaa besho ayaayaang. Aaniishnaa mii agiw abinoojiinyag imaa endaayaan gii-ganawenimindwaa gii-kiiyosewaad agiw ininiwag. Gii-adaawaagewag aniw awesiinwayaanan: esibanag, wazhashkwag, zhaangweshiwag, waaboozoog. Akina sa go aniw awesiinyan gaa-nisaawaajin, mii gaamiijiyaang naa gaye gii-adaawaagewaad.

A'aw ikwezens gaye wiin gii-niso-biboonagizi. Mii izhinikaazo Majig. Ogozisan gii-naano-biboonagizi ganabaj. Mii izhinikaazo Maabin. Mii ingiw ko apane gaa-pi-mawadishiwewaad. Nimaamaanaan gii-maajii-jiibaakwed, ogii-ozhi'aan zaasakokwaanan,

59

gookooshi-wiiyaas, opiniig, miinawaa napodinensag. Onawapwaanan ogii-wiiweginaanan gaye da-maajiidoowaad agiw ininiwag o-giiyosewaad. Mii dash wapii a'aw mindimooyenh miinawaa abinoojiinyag gii-wiisiniwaad. Nimaamaanaan naa nayenzh igo odaanisan gii-piinichigewag imaa biindig. Agwajiing dash ingii-izhinizha'ogoomin da-o-dazhitaayaang. Ingomaapii go indinawemaagaansag ingii-inaag, "Daga izhaadaa iwidi endaayan. Giga-waabamaanaanig agiw animoshensag gii-ondaadiziwaad."

Mii dash giimooj inoseyaang iwidi endaawaad. Ingii-waabamaanaanig ingiw animoshensag. Imaa dash chi-mazina'igani-makakoons gii-shingishinoog niiwin agiw animoonsag miinawaa omaamaayiwaan. Gii-wenda-minwaabaminaagoziwaad miinawaa gii-wenda-agaashiinyiwag agiw animoonsag. Gaawiin mashi gii-pagidinaasiiwag da-babaa-bimosewaad. Mii dash Maabin gaa-ikidod, "Gego daanginaaken agiw animoonsag. Giga-dakwamigowaa a'aw omaamaayiwaan." Gii-o-niiskiingwe, miinawaa ogii-izhinoo'aan owiibidan gizhaadawed a'aw gishkishenh. Aano-gizhaadiged oniijaanisan.

Ingomaapii go daanginangid, a'aw omaamaayiwaan ingii-pagidinigonaan da-daanginangidwaa animoonsag. Ingii-waabamaa bezhig a'aw animoons wenda-agaashiinyid gii-waabishkizi naa gii-makadewizi. Ginwenzh igo ningii-tazhiikawaanaanig agiw animoonsag. Noomag ninoondawaa nimaamaanaan biibaagid, "Aandi ayaayeg?" "Giiwedaa!" ikido Maabin, "Da-nishkaadizi a'aw mindimooyenh giga-bashanzhe'ogoomin giishpin giiwesiwang." Mii dash a'aw bezhig gaa-izhi-giimooji-mamag a'aw waabishki-animoons. Dagoshinaang dash besho endaayaan mii gaa-izhi-giimooji-gaanag biinji-bagiwayaan. Baa-dazhitaayaan imaa agwajiing ajinens geget ingii-gikenimigoog Maabin miinawaa Majig giimooji-gaanag a'aw animoons.

Nimaamaanaan ikido, "Daga bi-biindigeg!" Ingii-ashamigoomin

bakwezhigan naa aniibiish. "Ajinens, giga-gawishim," ikido a'aw
mindimooyenh. Dabwaa-gawishimoyaan gii-maajii-noondaagozid
a'aw animoons. Nimaamaanaan ingii-kagwejimig, "Awegonesh i'iw?"
Izhinoo'wag nimaamaanaan aniw animoonsan, ingii-nakwetawaa
dash ingii-inaa, "Ajinens eta go niwiiji'aanaan a'aw animoons inga-
giiwewinaanaan ingomaapii." Gaa-izhi-ikidod nimaamaanaan,
"Gaawiin mashi ishkwaa-noonawisiin a'aw animoons da-nibod
giishpin apane noonawisig a'aw animoons. Maajaan! Giiwewizh a'aw
animoons dabwaa-dagoshinowaad gidedeyinaan naa gidede da-
nishkaadiziwaad."

Mii dash gii-anoonaad Maabin da-giiwewinaanid aniw
animoonsan. Gii-tagoshinowaad agiw
ininiwag geget gii-nitaagewaad,
niibowa aniw wazhashkwan
miinawaa zhaangweshiwan
ogii-nisaawaan. Gii-
ishkwaa-ashamaad
nimaamaanaan,
ogii-wiindamawaan
indedenaan naa
indede gaa-
izhichigeyaan.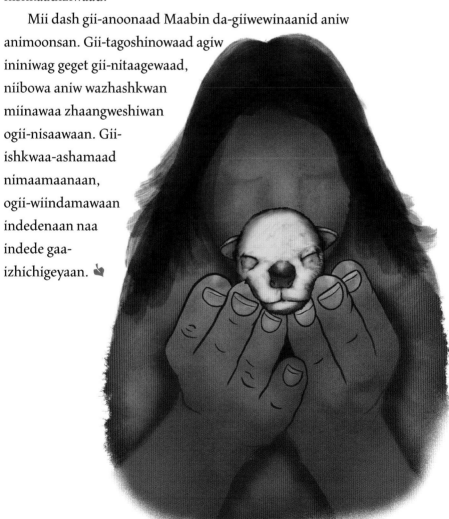

19 Biidwewegiizhigookwe Odayan

Gaa-tibaajimod **BRENDA MOOSE**

Gaa-tibaajimotawaajin **PERSIA ERDRICH**

Nimaamaanaan ogii-waawiindamawaan iniw nidedeyinaan gii-o-gimoodimag a'aw animoons. Nimaamaanaan gaa-izhi-anoonaad Maabin da-giiwewinaanid animoonsan. "Gii-wenda-maanendam Biidwewegiizhigookwe gii-makamind aniw animoonsan. Mii go ganabaj inendang debenimaad aniw animoonsan." Gaa-izhi-ganoozhid a'aw nidedeyinaan, "Gego miinawaa o-dazhiikawaaken a'aw animoons. Gaawiin mashi nitaa-bimosesiin a'aw animoons. Giishpin awiya mamigod dabwaa-ishkwaa-nooni'ind, dabwaa-nitaa-ganawenindizod maagizhaa gaawiin gwayak da-maajiigisiin da-nibo a'aw animoons."

Maagizhaa igo niizhogon ingii-paabii'aag da-wanendamowaad gaa-igooyaan da-boonimag a'aw animoons. Miinawaa ningii-o-naanaa a'aw animoons. Mii a'aw gaa-misawenimag aaniish-naa gakina aniw oshiimeyan gii-makadewiziwan. Wiin dash waabishkizi naa makadewizi miinawaa gii-wenda-agaashiinyi. Anaami-nibaagan indaano-gaanaa animoons wiipemag. Niwiindamawaa animoons da-bizaan-ayaad aano-noondaagozid. "Iiiiii," mawimaad omaamaayan. Maagizhaa gii-bakade a'aw animoons wenji-noondaagozid. Ingii-wiipemaa aano-gaanag a'aw animoons. Ingoding igo ningii-mikaag anaami-nibaagan nimaamaanaan aano-gaanag a'aw animoons.

"Onh yay," ikido a'aw mindimooyenh, "Mii go miinawaa

gii-o-mamaad aniw animoonsan," inaad indedeyinaan. Ikido dash
akiwenzii, "Aaniish-naa geyaabi aano-gaanaa a'aw animoons.
Maanoo go oga-ganawenimaan aniw animoonsan." Nakwetang a'aw
mindimooyenh, "Maagizhaa eta ingo-giiziswagizi a'aw animoons.
Gaawiin mashi ishkwaa-noonawisiin." "Maagizhaa gidaa-
wiidookawaanaan da-nitaawigi'aad odanimoonsan," ikido a'aw
indedeyinaan. Mii dash a'aw indedeyinaan gaa-izhi-wiindamawaad
osayenyan giishpin da-miinigooyaan a'aw animoons. Mii wiin gaa-
tibenimaad aniw animoonsan. Akiwenzii dash ogii-inaan, "Giishpin
geget odedeyan bagidinigod da-ganawenimaad iniw animoshensan
mii go ge-izhi-dibenimaad."

Mii akeyaa gii-oshki-dibenimag a'aw ninday. Indedeyinaan
miinawaa nindede ogii-gikinoo'amawaawaan da-giiyosenid
miinawaa da-nitaa-akandoonid, gii-wenda-wenipanizi gii-nisaad
iniw wazhashkwan gaye zhaangweshiwan. Gakina agiw gaa-
kiiyosejig ogii-shaawenimigowaan. 'Agaasaa' ingii-izhinikaanaa a'aw
animoons. 'Tiny' zhaaganaashiimong. Ginwenzh igo ingii-ayaawaa
a'aw animoons baamaa go ingoji wii-ishwaaso-biboonagizid gii-
ayaayaan gii-pazhined.

Apane ingii-wiipemaag agiw nimishoomisag mii gaye wiin a'aw
animoons ingii-wiipemigonaan. Ingoji dash izhaayaang maagizhaa
oodenaang o-mawadishiweyaang, mii gaye wiin gaa-izhi-boozid a'aw
animoons. Apane ingii-wiijiiwig gii-izhaayaan ingoji. Naagaj igo
niga-dibaajim gaa-ni-izhiwebizid a'aw animoons gii-maajiigid. 🖐

20 Biidwewegiizhigookwe Odayan II

Gaa-tibaajimod **BRENDA MOOSE**

Gaa-tibaajimotawaajin **PERSIA ERDRICH**

Ingoding igo ganabaj ingii-niizhwaaso-biboonagiz mikwendamaan gii-baashkizond wa'aw inday *Tiny*. Aaniish-naa apane gii-kiiyosewag, indede miinawaa indedeyinaan. Gaa-izhi-maajiinaawaad *Tiny*, mii iwidi besho endaayaang i'iw zaaga'igan gii-o-giiyosewaad, nanda-waabamaawaad aniw zhaangweshiwan.

Ingoding igo ogii-wani'aawaan iniw *Tiny* aano-biibaagiwaad, mii go gaawiin ogii-waabamaasiwaawaan ingoji imaa jiigi-zaaga'igan. Aano-biibaagiwaad, gaawiin igo ogii-mikawaasiwaawaan *Tiny*. Ginwenzh naa maagizhaa go niizho-diba'igan ogii-nandawaabamaawaan. A'aw akiwenzii dash ikido indedeyinaan, "Niga-ni-giiwe niin. Maagizhaa gii-tagoshin iwidi endaayaan." Indede dash ikido, "Imaa megwekob niin niga-baamose maagizhaa ajidamoon obaabaaminizha'waan maagizhaa gaye obaabaaminizha'waan aniw bakaan animozhishan.

Mii dash indedeyinaan gii-tagoshin imaa endaayaan, "Aaniin dash giineta bi-giiweyan?" nigagwejimaa indedeyinaan. "Aaniin miinawaa dagoshinzigwaa *Tiny*? Geyaabi na wiinawaa giiyosewag?" gaa-izhi-nakwetang indedeyinaan. "Awegodogwen ezhichigewaad niin igo ingii-bakade miinawaa indayekoz mii gaa-pi-onji-giiweyaan."

Gaawiin niwii-wiindamaagosiin gegoo gii-izhiwebizid *Tiny*.

65

Ingomaapii go akawaabiyaan imaa agwajiing. Ogii-mikawaan
zhazhingishininid imaa badakidenig mashkosiinsan. Gii-
noondaagozi gaa-onji-mikawind imaa zhazhingishing mitakamig.
Mii dash indede gaa-izhi-dakonaad gii-maajiinaad giiwewaad. Mii
gaa-izhi-giizikang obabagiwayaan gaa-izhi-wiiweginind a'aw *Tiny*
wii-dakonaad dash maajiiyosed endaawaad.

"Aaniin ezhiwebizid *Tiny?*" ingii-gagwejimaa indede.
Niwaabamaag dakonaad *Tiny*, ogii-wiiweginaan. Obabagiwayaan
gii-miskwiiwinaagwad.

Aaniish, noondaagozi *Tiny* dibishkoo go wiisagendam. Gaa-izhi-
maajii-mawiyaan aazhikweyaan, "Geyaabi na bimaadizi?" "Wewiib
o-biindigen!" ikido indede. "O-wiindamaagen ogii-paashkizogoon
awiya a'aw *Tiny.*"

Biindigeyoseyaan aayaazhikweyaan wiindamaageyaan awiya
gii-pashkizwaad *Tiny*. Mii dash biindiganaa, indede gakina awiya
gaa-izhi-waabamaawaad, "Geyaabi na bimaadizi?" ikidowag. "Eya'
bimaadizi, niibowa dash owanitoon omiskwiim. Wewiib igo atoon
waabooyaan michisag da-zhazhingishing."

Indedeyinaan dash gii-ikido, "Maagizhaa gidaa-izhiwinaa iwidi
aakoziiwigamigong wiidookawindwaa agiw awesiinyag. Gaawiin
ina gigikenimaasiin a'aw mashkikiiwinini waadookawaad iniw
awesiinyan? Gidaa-aabaji'aanaan a'aw zhooniyaa gii-adaawaageyaan
agiw awesiinwayaanag maagizhaa mii da-de-diba'igeyaang da-
waabamaawaad *Tiny*. Aaniish-naa gaye wiin *Tiny* gii-chi-anokii,
gii-nooji'aad aniw gakina zhaangweshiwan miinawaa wazhashkwan.
Gaawiin gidaa-chi-o-zhooniyaakesiimin giishpin wiidookaazosig
Tiny."

"Geget nigikenimaa a'aw bezhig inini gaa-wiidookawid aabiding
gii-bitaakoshkawind bezhig indanimosh," ikido indede. Nayenzh
igo indedeyinaan miinawaa indede ingii-wiijiiwaag iwidi oodenaang
gii-o-waabamaawaad aniw mashkikiiwininiwan awesiinyan

noojimo'aanid. Mii dash dagoshinaang iwidi aakoziiwigamigong
indede gii-o-gaganoonaad mashkikiiwininiwan wiindamaaged gii-
bashkizond a'aw *Tiny*. A'aw mashkikiiwinini gii-izhinikaazo *Pete*,
gaa-izhi-wiindamawaad indede, "Biindigazh ninga-ganawaabamaa
giishpin apiitendaagwak maagizhaa niga-wiidookawaa." Gaa-izhi-
biindiganaad indede imaa aakoziiwigamigong.

Nibaabii'omin imaa aakoziiwigamigong, indede ingii-
ig, "Giishpin onzaam niibowa omiskwiim gii-wanitood *Tiny*
maagizhaa gaawiin daa-wiidookawaasiin," maagizhaa maajii-
mawiyaan miinawaa. Indedeyinaan gaye wiin wenda-maanendam.
Indinendam, "Awegonesh ge-izhichigeyaan giishpin nibod
a'aw *Tiny?*" Mii dash miinawaa ezhi-mawiyaan. Indedeyinaan
dash ingii-ig, "Gego sa naa chi-mawiken, zoongide'e giday.
Nashke epiichi-zhawenimik. Onzaam agiw awesiinyag da-chi-
minwendamoog giishpin nibod giday. Gaawiin agiw manidoog
odaa-bagidinaasiwaawaan da-jiikakamigizinid aniw awesiinyan,"
zhoomiingwenid a'aw akiwenzii. Gaa-izhi-zhoomiingweniyaan
baapiyaan gaye wiin indedeyinaan gii-zhoomiingweni.

A'aw mashkikiiwinini gii-pi-wiindamaaged wii-kiishkizhond
imaa okaakigan wii-mamigaadeg anwiins. Mii dash gaa-izhi-ikidod,
"Ginwenzh igo niga-dazhiikawaa maagizhaa go niizho-diba'igan.
Ishkwaa-giishkizhond, booch da-ganawenimind gabe-dibik imaa
aakoziiwigamigong. Minwaabaminaagwad imaa gii-paashkizond,
ganabaj da-bimaadizid *Tiny*. Gidaa-bi-ganoozh waabang. Giga-
wiindamawin wapii ge-bagidinind," gii-ikido mashkikiiwinini.

Mii dash gii-pooziyaang odaabaaning giiweyaang, dagoshinaang
iwidi endaayaang gii-aabita-dibikak. Geyaabi dash gakina agiw
indinawemaaganag gakina gii-koshkoziwag geyaabi, baabii'owaad
giishpin *Tiny* wii-pimaadizid.

Nindede dash ogii-wiindamawaan wii-kiishkizhond wii-
kanawenimind iwidi aakoziiwigamigong. "Geget wii-pimaadizi

ganabaj." Mii dash gakina awiya maajii-ozhiitaawaad wii-
kawishimowaad wiinawaa dash indede ogii-mamoon obaashkizigan.
Nimaamaanaan dash ogii-kagwejimaan, "Aaniin dash waa-
izhichigeyan? Gego ingoji izhaaken!" Indede dash ogii-inaan,
"Niwii-o-nandawaabamaag agiw gaa-baashkizwaawaad *Tiny*."
Nimaamaanaan ikido, "Gego doodangen! Giga-baataandiz!"

Booch gaa-izhi-maajaad baamosed imaa miikanaang biibaagid,
gii-wenda-nishkaadizi baamosed. Biibaagid naa bashkizang
baashkizigan. "Awegwen igo gaa-paashkizwaad *Tiny?*" Mii iw
gaa-piibaagid. "Niwii-niiwana'waa maagizhaa naa gaye inga-
baashkizwaa." Baa-biibaagi imaa ishkoniganing.

Ginwenzh igo gii-paamose imaa ishkonigan bimiwidood
obaashkizigan. Ayinendang geget gii-minochigewag agiw manidoog
gii-pagidinaawaad *Tiny* da-bimaadizinid. Mii gaa-izhi-wanitood
onishkaadiziwin. *Tiny* gii-noojimo gii-pi-giiwed. Gakina awiya gii-
minwendamoog gii-pimaadizid. 👌

21 Nanda-mashkikiikeyaang

Gaa-tibaajimod **DAVID SAM**

Gaa-tibaajimotawaajin **KIM ANDERSON**

Mii imaa ninookomisiban gaa-wiij'ayaawag mewinzha omaa gii-daso-biboonagiziyaan niizh maagizhaa niswi, ingii-mamig a'aw ninookomisiban, gii-minikwewaad nindede miinawaa nimaamaa. Mii apane gaan ogikendanziinaawaa gaa-o-naganigooyaan. Mii dash yo'ow ogii-makamaan sanoo nimaamaayan nindedeyan gii-ikidod, "Mii iw gaawiin gibi-giiwewinigoosiin miinawaa."

Mii dash gii-maajii-ganawenimid. Mii eta go gii-tazhi-ojibwemod. Mii gaye niin gii-maajii-ojibwemoyaan. Gaawesh naa aapiji ninitaa-ojibwemosiin. Mii imaa gii-kagwe-gaganoonag iw ojibwemoyaan. Mii imaa gii-sanagak imaa waa-ikidoyaan. Mii imaa gaa-izhi-atood sa iw gaagiigidowin waa-ikodoyaan.

Mii dash iko ingii-ayaamin imaa waakaa'igaans. Mii eta go ningii-wani'aanaan sa o'ow nimishoomisiban, namanj igo apii gaa-wani'angid. Mii eta go gii-mikwenimag mii niineta waa-kanawenimid. Mii ko gaye a'aw nookomisiban gii-midewi sa naa. Niibowa igo, gaawesh ningikendanziin aaniish minik gaa-o-midewid. Mii eta go gaa-izhi-gikendamaan i'iw. Ogii-gikendaan sa go mashkiki imaa megwayaak gii-o-naadid imaa noopiming. Mii imaa gii-mikwenimag iko gii-o-nandawaabandang iw mashkiki, memikwendamaang iko gaa-ayaad mitig imaa de-badakizod. Mii imaa iw mookomaan gaa-pi-aabajitood. Mii imaa dash gii-mamood imaa i'iw sa wanagek. Mii dash imaa gii-maajiidaasod

71

gaa-kiishkikonaad iw. Ogii-maamiginaan iw sa ow mashkiki. Mii dash imaa gwayak, ganabaj imaa, ashi-naano-biboonagiziyaan, mii iw gaa-izhi-mikwendamaan iwidi sa gaa-o-dazhi-maamiginang i'iw sa mashkiki.

Mii imaa gii-izhaayaan imaa gaa-ayayaad gaa-tazhi-mamood. Gaawesh imaa ingii-waabandanziin gwayak gaa-tazhi-giishkikonaad iw. Mii go gaye mikwenimag igo gii-o-mookodamaan gii-tazhi-giishkikonag mitig imaa. Mii sa gii-atooyaan imaa i'iw nindizhinikaazowin. Mii imaa dash iw gwayak ezhi-ayaad igo

mitig, mii geget imaa zoongizid imaa gaa-tazhi-giishkikonag.
Mii dash ezhi-mikwendamaan imaa gaa-tazhi-maamiginang
o'ow, gaawesh imaa ingii-waabandanziin imaa gaa-mamood. Mii
naaningodinong ezhi-naanaagadawendamaan iw, gaawesh naa
niwaabandanziin imaa gaa-tazhi-giishkikonaad iniw mitigoon. Mii
eta go gii-izhi-gikendamaan. Mii dash waabandamaan geget ingii-
izhi-nisidotaan.

Geget gii-nitaawichige ji-nandawaabandang Anishinaabe-
mashkiki. Mii iw. 👆

22 Gegaa
Ingii-kibonaabaawemin
Omaa Misi-zaaga'iganing

Gaa-tibaajimod **ELFREDA SAM**

Gaa-tibaajimotawaajin
KELLER PAAP & JADA MONTANO

Apane ingii-pagizomin endaso-giizhik, apane gaa-izhi-
bagizoyaang. Niibowa naa jiigibiig gii-atewan mitigo-
jiimaanan, gaawiin wiikaa ingii-pabaamendanziimin. Dibi wiin
gaa-onjibaagwen a'aw Biindigegaabaw. Ingoding igo ingii-pi-gagwe-
wiizhaamigonaan ji-izhaayaang Neyaashiing. "Ambe, boozig," ingii-
igonaan, da-izhaad iwidi Neyaashiing.

Gaawiin ingii-izhaasiimin iwidi Neyaashiing, mii eta go izhi-
gwayak naawij gaa-izhiwizhiyangid. Onjida go ogii-tiitibiwebishkaan
i'iw mitigo-jiimaan. Ingii-niiwimin Matinoo, *Margie*,
Bebaamaashiikwe, Matinoo *Hazel*, ge niin gaa-kagwe-miigaanangid.
Ingii-miigaanaanaan miinawaa ingii-kinjiba'igonaan. Gii-nitaa-
bagizo wiin.

Mii eta go gaa-inendamaan niin wii-agwaayaadagaayaan
wii-tagoshinaan jiigibiig. Miish imaa ayekoziyaan imaa *Susan*
besho gii-ni-ayaad debigwebinag, ganabaj akwaandawaanag
odinimaaganaang gaa-onji-gwaashkwaniyaan. Gii-niibawiyaan,
mii imaa nikweganaang gaa-akobiig nibi. Ingii-wenda-ayekoz
gaa-izhi-waabamag indede naazikawid nibiikaang ayaad gii-izhid,
"Aazhigijitaan ji-bagizoyan!" Namanj igo apii gaa-izhaawaanen,

75

ingii-ayekoz gaa-izhi-niibawiyaan, miish imaa go wapii gaa-akoseg
i'iw nibi nikweganaang.

Inaabiyaan mii azhigwa besho i'iw dazhi-agwaa'ong. Gaawiin
gegoo niminaaweyaandawaagan gii-ayaamagasinoon. Meta go imaa
jiigibiig gaa-namadabiyaan ayekoziyaan. Iwidi gii-inaabiyaan geyaabi
go ingiw ikwezensag niizh gii-ayaawaad mitigo-jiimaaning besho.
Mii eta go gaa-waabandamaan jiimaan biijibideg, gaawiin-sh ingii-
waabamaasiin ji-gii-mamaawaad iniw ikwezensan, gaawiin ingii-
waabamaasiig.

Ingii-waabamaag ingiw ikwezensag zhingishinowaad
imaa jiigibiig gaa-mitaawangaanig. Namanj iidog gaa-izhi-
dagoshinowaagwen jiigibiig ingiw ikwezensag, maagopiibinindwaa
niibowa nibi gashkitamawindwaa. Ingii-noondawaag imaa ingiw
gayaagiigidojig, gaawiin ingii-waabamaasiig ingiw ikwezensag gaa-
kashkitamawindwaa nibi.

Baanimaa ingii-mikawaanaan iwidi namadabid
waazakonenjiganaaboo-adaawewigamigong gaa-aabiindaganaamangid
gaa-onji-ozhaawashkwaabid. Gaawiin dash ingii-moo'aasiwaanaan a'aw.

Ogii-ozhitoonaawaan iniw onaaganan, gaawiin ingikendanziin
minik gaa-achigaadeg, maagizhaa niiwin. Mindimooyenyag, ikwewag,
awegwenag gaa-ozhitoojig onaaganan. Bebangii ogii-mamoonaawaan
onaaganing. Gaa-ishkwaa-bakobiinigaadeg wiisiniwin, akiwenzii
gii-kaagiigidod gii-tibaajimod gii-odaapinigoosiwaang imaa
zaaga'iganing.

Gaawiin wiikaa ingii-waabamaasiwaanaan a'aw endazhi-
bagizoyaang. Gaawiin wiikaa gii-pi-izhaasiin. Gaawiin ingii-segizisiin,
mii eta go inendamaan wii-tagoshinaan jiigibiig. ✋

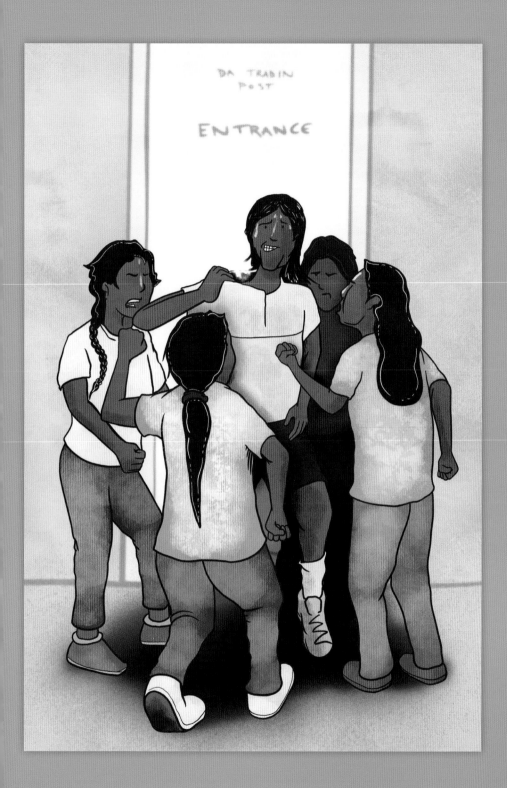

23 Gechiwabiikwe, Ishkwejaagan, Gaagigekamigookwe & Waasigwan

Gaa-tibaajimod **JAMES MITCHELL**

Gaa-tibaajimotawaajin **JOHN BENJAMIN**

Dazhi-mawadishiwewaad omaa endaayaang, mii azhigwa Gechiwabiikwe gaa-izhi-gagwejimaad Gaagige, "Gagwejim a'aw gwiiwizens da-o-baashkizwaad iniw gaagwan. Giga-minwanjigemin iishpin nitaaged." Nimaamaa gaa-izhi-biibaagimid. Gaa-izhi-wiindamawid, "Gaag niwii-amwaanaan, gidaa-o-baashkizwaa ina a'aw gaag?" Ninakwetawaa, "Aaniin ge-doodawag da-biini'ag?" Mii azhigwa wiindamawid akeyaa da-biini'ag a'aw gaag.

Mii azhigwa endawaabamagwaa giizhikaandag badakizowaad. Wayaa! Gaa-izhi-waabamag a'aw gaag agoozid. Mii azhigwa gii-paashkizwag a'aw gaag. "Tayaa!" indikid. Boodaweyaan azhigwa da-banzwag a'aw gaag. Chi-gonezh omaa nidazhitaa da-banzwag a'aw gaag. Aaniish-naa, gaawiin niwii-chaagizwaasiin. Mii azhigwa apaginag omaa ogijayi'ii gooning da-dakaashimag. Mii go dakaashing azhigwa da-bagojiinag. "Wa! Mii giizhiikawag."

Mii sa omaa biinjwebinag mashkimodaang. Mii dash izhiwinag iwidi ikwewag eyaawaad. Wa, chi-minwendamowaad. Gaa-izhi-miigwechiwi'iwaad ingiw ikwewag. 👋

79

Neyaashiing
Vineland

Nakwebijigewinini: Leonard Sam, Makade-bizhiki Epagijiged: Bruce Sam
Nitami-mashkimod: Eugene Geno Sam Niizho-mashkimod: Howard Day
Aabita mashkimodaang: Elmer Nayquonabe,
Giiweyaanakwad Niswi-mashkimod: Reggie Garbow, Ogimaabines
Ishkweyaang niswi-mashkimod: Ron Smith
Ishkweyaang niizho-mashkimod: Joe Nayquonabe,
Waabishki-bines Ishkweyaang nitami-mashkimod: Wayne Mitchell
Gaagiigidoowinini Waandamaaged wii-ataageng: Melvin Eagle,
Miskwaanakwad E-naadamawaajig awiya gaa-ayaasinig: Dale Wind, Myron Garbow

24 Bakitejii'igewin

Gaa-tibaajimod **JOSEPH NAYQUONABE SR.**

Gaa-tibaajimotawaajin **DUSTIN BURNETTE**

Gii-gikinaa'amaagooyaan iwidi *Onamia* gii-ayaamagad i'iw dazhitaadiwin *sports*, gookooshi-bikwaakwad, bikwaakwad-biinjwebinigewin, naa bakitejii'igewin. Mii eta go i'iw biinjwebinigewin gaa-gikendamaan. Mii dash i'iw gaa-tazhitaayaan. Ziigwang dash gii-bakitejii'igewag. Ingii-kagwejimig a'aw gaa-niigaanizid, gii-gikinaa'amawaad iniw abinoojiinyan ge-bakitejii'igenijin. Ingii-kagwejimig ji-bi-gojichigeyaan ji-dazhitaayaan. Ingii-minwendaan dazhitaayaan, ingii-bakite'aan i'iw bikwaakwad naa ge i'iw ingii-apagijige, naa ge ingii-tebibidoon awiya gaa-bakite'ang.

Mii dash omaa endazhi-maajitaayaan, mii o'ow gaa-tazhiikamaan niin, ingii-nitaa-bakitejii'ige. Mii dash i'iw gaa-minwendamaan, mii dash gii-kiizhiikamaan gikinaa'amaadiwin, gaawiin miinawaa ingii-ataagesiin, dibishkoo go ingii-poonitoon. Geyaabi wiin go ayaangodinong ingii-tazhitaamin biinjwebinigeng bikwaakwad. Iwidi *Milwaukee* gii-ayaayaan ingii-wiiji'aag ingiw Wiinibiigo-ininiwag, noongom wiin igo *Hochunk* inaawag. Akina ingoji ingii-paa-ataagemin, *Chicago*, *Minneapolis*, aabiding *Cleveland* ganabaj ingii-izhaamin.

Mii dash imaa gii-ishkwaa-zhimaaganashiiwiyaan gii-pi-azhegiiweyaan omaa Misi-zaaga'iganing, mii a'aw inini, Miskwaanakwad ogii-maajiishkaatoon i'iw bakitejii'igewin.

Ogii-gikendaan ko gii-tazhitaayaan imaa gii-
gikinaa'amaagooyaan. Ayaangodinong ko ingii-pi-ganawaabamig
dazhitaayaan. Mii dash ezhi-nakwetawag, mii dash imaa gii-
maajitaayaang bakitejii'igeyaang. Anooj imaa iniw oodenaang
besho eyaamagakin, mii iwidi gii-paa-dazhitaayaang, dibi iniw
Hillman, *Harding*, *Genola*, *Fort Ripley*, *Buckman*, *Lastrup*. Mi iwidi
gii-tazhitaayaang.

Mii eta go Misi-zaaga'iganing Anishinaabeg imaa dazhitaawaad.
Ingii-minwendaagozimin gii-niiwezhiweyaang. Gii-sanagad
wiin gii-apaginigooyaang, niiwenigooyaang. Gaawiin geyaabi
imaa ayaasiiwag bekitejii'igejig. Amanj iidog gaa-izhiwebak.
Gaawiin geyaabi awiya niibowa dazhitaasiiwag biinjwebinigewin
bikwaakwad. Gaawiin go ingii-gikinaa'amaagoosiin gii-tazhitaayaan
chi-bikwaakwad naa bakitejii'igeyaan. Gaawiin igo aapiji gegoo
ingii-inendanziin, mii go gii-tazhitaayaan. Mii dash omaa gaa-
maajii-anokiiyaan. Mii azhigwa imaa gii-ni-waabandamaan i'iw
wiidookodaadiwin.

Mii iw omaa gii-gikendamaan a'aw gikinaa'amaagewinini gaa-
kanawenimiyangid, gikinaa'amaagooyaang sa ji-dazhitaayaang. Mii
gaa-wiindamaagooyaang sa wiidookodaadiwin. Nake ingiw gaa-
wiiji-atawagwaa, ingii-wiidookodaadimin gegoo ji-niiwezhiweyaang,
ji-bakinaageyaang. Mii iw gaa-kojitood sa ji-gikinaa'amaagooyaang
sa ji-wiidookodaadiyaang. Nake eta go bezhig gagwe-izhichiged
gaa-sanagak. Nake dash ayaawaad imaa aanind mii iw
ji-wiidookodaadiyaang.

Naa ge akina gegoo ingii-nitaawichigemin. Naa ge aanind
bakaan gii-nitaawichigewag. Nake dash igo niizh ingiw ayaawaad
mii go wiidookodaadiwaad. Aanind gii-mindidowag, aanind
gii-agaashiinyiwag, aanind gii-kizhiikaabatoowag. Mii dash a'aw
gikinaa'amaagewinini gii-aabajitood iniw gii-nitaawichigeyaang mii
imaa gii-asigooyaang. Maagizhaa ge ayaangodinong a'aw bezhig

gaawiin ogashkitoosiin, ingii-gikinaa'amaagoomin ji-naadamawind. Maagizhaa gii-aakozi maagizhaa ge gegoo gii-izhiwebizi mii dash o'ow omaa bezhig awiya ji-naadamawaad. Niibowa go ingii-gikinaa'amaagoomin sa ji-ni-aabajitooyaang giizhiikamaang i'iw gikinaa'amaadiwin.

Mii dash imaa gii-anokiiyaang mii go iw gaa-aabajitooyaang ji-wiidookodaadiyaang sa ji-giizhiikamaang gegoo. Mii go ge imaa aanind gegoo ogii-gikendaanaawaan akina go gegoo ogii-gikendaanaawaan anooj. Mii dash igo omaa akina gii-aabajitooyaang gikendamaang gii-kiizhitooyaang waa-izhichigeyaang, gaa-wiindamaagooyaang sa ji-izhichigeyaang gii-kiizhiikamaang.

Niibowa go ingii-aabajitoomin i'iw ge imaa gii-shimaaganishiiwiyaan. Mii ge imaa gii-aabajitooyaan o'ow sa wiidookodaadiyaang. Ingii-shawenindimin. Mii iw ge miinawaa omaa aanind bakaan ogii-gikendaanaawaan gegoo. Mii dash igo akina ingii-gikendaamin akina gegoo mii dash aabajitooyaang i'iw gekendamaang, mii go gii-kashkitooyaang ji-waawiindamaagooyaang ji-izhichigeyaang.

Mii iw gaa-mikwendamaan gii-gikinaa'amaagooyaang gagwe-wiidookaagooyaang sa. Bikwaakwad gii-tazhitaayaang sa imaa niigaan ji-wiidookaagoyaan sa go ge niin imaa izhaayaan. Booch igo imaa awiya ji-wiidookawid ge niin, ge niin ji-wiidookawag. Mii ko ayaangodinong indinendam mii omaa ji-asigooyaan sa ji-wiidookodaadiyang. Mii ongow bakitejii'igewininiwag 1969 iwidi Neyaashiing *Vineland*:

NAKWEBIJIGEWININI: Leonard Sam, Makade-bizhiki

EPAGIJIGED: Bruce Sam

NITAMI-MASHKIMOD: Eugene *Geno* Sam

NIIZHO-MASHKIMOD: Howard Day

AABITA MASHKIMODAANG: Elmer Nayquonabe, Giiweyaanakwad

NISWI-MASHKIMOD: Reggie Garbow, Ogimaabines

ISHKWEYAANG NISO-MASHKIMOD: Ron Smith

ISHKWEYAANG NIIZHO-MASHKIMOD: Joe Nayquonabe,
Waabishki-bines

ISHKWEYAANG NITAMI-MASHKIMOD: Wayne Mitchell

GAAGIIGIDOOWININI WAANDAMAAGED WII-ATAAGENG: Melvin
Eagle, Miskwaanakwad

GE-NAADAMAWAAJIG AWIYA GAA-AYAASINIG: Dale Wind, Myron
Garbow

Niminwendaan akina waabamagwaa Anishinaabeg,
gwiiwizensag naa ikwezensag dazhitaawaad bikwaakwad. Anooj igo
indizhaa o-ganawaabamagwaa dazhitaawaad. Akina niniijaanisag
gii-ataagewag. Biinjwebinigani-bikwaakwad naa ge i'iw gookooshi-
bikwaakwad. Gaawiin gii-bakitejii'igesiiwag.

Anooj igo awiya indinendam dazhitaad mii go dibishkoo
gikendaasod. Niin wiin igo ingii-gikendaan ji-wiidookawag
naa ge niin ji-wiidookaagooyaan gegoo izhiwebak. Mii ge imaa
wiijikiwenyag ozhi'agwaa naa ge gaganoonidiyaang. Niibowa go
omaa ayaamagad wenizhishing awiya dazhitaad bikwaakwad.
Mii iw. 👋

25 Enigok Aangwaamitoon Gikinoo'amaagoowiziyan

Gaa-tibaajimod **LEE STAPLES**

Gaa-tibaajimotawaajin **BRADLEY HARRINGTON**

Mii ingiw gaa-nitaawigi'ijig gii-wawiinge-anishinaabewiwag. Gaawiin gii-nitaa-zhaaganaashiimosiiwag. Mii go booch ingii-kagaanzomigonaanig da-aangwaamitooyaang i'iw da-gikinoo'amaagoowiziyaang. Mii i'iw ogii-gikendaanaawaa wawiingeziyaang gikinoo'amaagoowiziyaang, mii imaa da-ondinamaang da-gashkitooyaang weweni da-ni-bami'idizoyaang niniigaaniiminaang.

Ishke i'iw gaa-izhichigewaad azhigwa gaa-ni-ziigwang, mii imaa gii-ayaawigooyaan da-o-mawinzoyaan ingiw miskodesiminag. Mii nabaj imaa ishwaaso-miskwaabikoons bebezhig ingo-dibaabiishkoojigan ingiw miskodesiminag gaa-izhi-diba'amaagooyaan. Ishke dash a'aw mindimooyenyiban gaa-izhichiged ogii-kanawenimaan inow zhooniyaansan gaa-kashki'agwaa imaa gii-mawinzoyaan. Mii dash i'iw azhigwa gaa-tagwaagig mii inow ozhooniyaansan gaa-aabaji'aajin gii-adaawed inow biizikaaginan ge-biizikamaan azhigwa eni-gikinoo'amaagoowiziyaan. Geget a'aw mindimooyenh gii-sanagizi aano-wii-nandodamawag inow zhooniyaansan da-aabaji'agwaa da-izhaayaan iwidi endanakamigak gii-ayaamagak iniw da-booziyaan iniw odaminwaaganan apii gii-ayaamagak imaa oodenaang.

Azhigwa gaa-maajitaamagak gii-gikinoo'amaagoowiziyaang geget gii-wenda-onaajiwanoon iniw biizikiiginan gaa-piizikamaan.

Ishke mii iwidi Aazhoomog gaa-taayaang, azhigwa a'aw nisayenh gii-ni-giizhiikang dabazhish gikinoo'amaagozid a'aw abinoojiinh, gaawiin gii-ayaasiin a'aw chi-odaabaan da-gii-poozipan nawaj gii-gikinoo'amaagoowizipan. Ishke dash ingiw ingitiziimag gaa-izhichigewaad, mii iw gaa-izhi-mikamowaad omaa da-gabeshiyaang miinawaa gii-izhigoziyaang imaa Gaa-zhiigwanaabikokaag. Mii dash imaa agaamikana gii-ayaamagak i'iw gikinoo'amaadiiwigamig gaa-izhaad a'aw nisayenh nawaj imaa ishpiming gii-ni-izhaad gikinoo'amaagoowizid. Ishke mii imaa geget waabanjigaadeg gaa-izhi-apiitendamowaad a'aw gikinoo'amaagozid a'aw abinoojiinh.

Mii gaye a'aw akiwenzii gaa-izhichiged. Ingii-ig, "Gego babaamendangen i'iw da-biindigeniseyan miinawaa da-nibinaadiyan." Mii imaa apii gii-kagaanzomid a'aw akiwenzii da-aangwaamitooyaan imaa i'iw giiwewijigan da-dazhiikamaan gaa-onjiwidooyaan iwidi gikinoo'amaadiiwigamigong. 👍

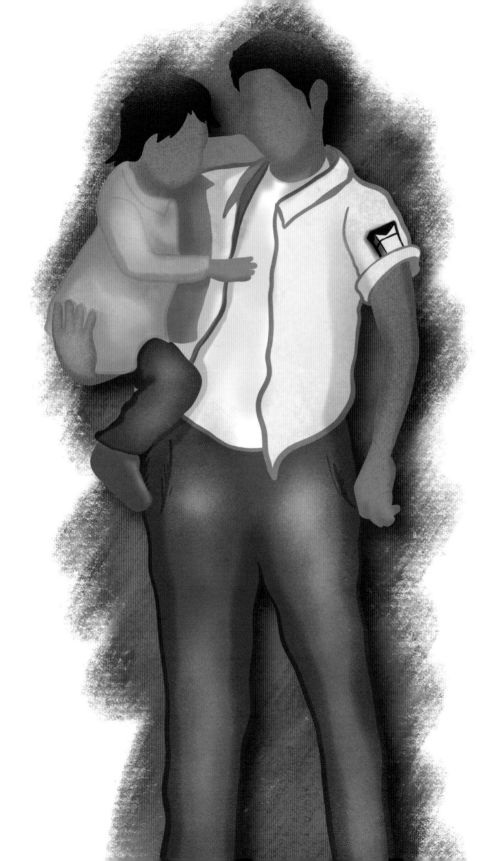

26 Naawigiizis Ingii-waangoomig

Gaa-tibaajimod **LORENA GAHBOW**

Gaa-tibaajimotawaajin **CHARLIE SMITH**

Nichi-apiitenimaa, Naawigiizis gii-izhinikaazo. Da niibowa ogii-gikendaan. Gizhewaadizi, ogii-shawenimaan niibowa Anishinaaben, gichi-aya'aan, abinoojiinyan. Gii-ishkwaa-ayaad indede, ingii-waangoomig Naawigiizisiban. Gaawiin igo gegoo ingii-izhichigesiimin. "Mii azhigwa niin gidede," gaa-ikidod.

Iishpin awiya giiwaajised, nimaamaa ogii-wiidookawaan ashamaad, gii-nibaawaad endaayaang. Mewinzha ko gii-waangoomaawag, ji-ganawenimindwaa. Ogii-kanawenimaan oozhishenyan aanikoobijiganan. Apane ogii-kanawenimaan. Mii go mewinzha gaa-izhichigewaad gii-waangoomaawaad abinoojiinyan wiij-anishinaabeman. Aanind geyaabi izhichigewag.

Gii-pi-izhaa iwidi endaayaan, mii go giigidoyaang mii gaa-izhi-mikwendang geyaabi gii-chi-maanendamaan gii-wani'ag indede. Mii gaa-izhi-gagwejimid, ingii-shawenimig. Gii-waangoomid Naawigiizisiban, gii-ikido, "Gii-ishkwaa-ayaa gidede, giga-waangoomin indaanis. Giishpin inendaman, gidaa-dedekaazh. Meta go gii-ikidod i'iw. Mii gaye wiin indede. 🖐

27 Niimi'iding Izhaayaang

Gaa-tibaajimod **LORENA GAHBOW**

Gaa-tibaajimotawaajin **CHARLIE SMITH**

Apane nimaamaa miinawaa nidede gii-wiidookaazowag owidi niimi'iding. Apane ganawaabamagwaa, mii go gaa-izhichigewaad gaa-o-jiibaakwewaad baamaa waabooyaanikewaad. Nidede dash apane gii-manise. Biinitoowaad iko niimi'idiwin niimi'idiiwigamig naadoobiiwaad naa-sh ge gaa-wiisiniwaad, meta go gii-asemaakewag jibwaa-wiisiniwaad. Gii-ishkwaa-wiisiniwaad gakina, gii-piinichigewag ikwewag ogichidaakweg, mii go apane gaa-izhi-giziibiiginaaganewaad gii-piinitoowaad i'iw jiibaakwewigamig. Miinawaa dash ishkwaa-biinichigewaad mii dash gii-niimi'idiiwaad wenda-minwendaagoziwaad. Wiizhaamaawaad ingiw gaa-ayaawaad da niibowa iko gaa-pi-izhaawaad.

Bizindamaan ganawaabamagwaa ezhichigewaad, mii akeyaa bangii gaa-gikendamaan ganawaabamagwaa nigitiziimag. Mii dash ezhichigeyaan niniijaanisag noozhishenyag bi-izhaawaad owidi niimi'iding mii ingiw ikwezensag niimiwaad miinawaa gwiiwizensag nagamowaad. Miinawaa niimiwag. Niminwendaan izhichigewaad i'iw, ezhichigeyaang niimi'idiiyaang endaso-ziigwang miinawaa endaso-dagwaagig.

Iishpin wiikaa gii-izhaasiwan, gidaa-biinaa asemaa. Meta go asemaa gidaa-biinaa. Mii dash iko maajitaawaad onaagoshig wii-niimiwaad. Ishkwaa-niimiwaad ogichidaakweg, mii dash izhi-maajitaad meshkwadoonamawaad waabooyaanan maazhaa zhooniyaan maazhaa ge babagiwayaaniigin. Iishpin awiya gii-miinik

91

waabooyaan ji-niimiyan, gidaa-azhe-miinaa waabooyaan maazhaa
ge zhooniyaans. Iishpin awiya wiizhaamik, gidaa-azhe-miinaa gegoo
naasaab epiitendaagwak. Niwaabamaag igo aanind miigiwewaad
babagiwayaaniigin wiizhaamaad gwiiwizensag miinawaa ininiwag.
Gaawiin iko ingii-izhichigesiimin.

Iishpin wii-pi-izhaayan, gidaa-manaajitoon ezhichigeyaang. 🖐

28 Naadamaadiyaang

Gaa-tibaajimod **SHIRLEY BOYD**

Gaa-tibaajimotawaajin **HANNAH ORIE**

Ingii-kanawenimaag niizh nishimisag. Geyaabi ingii-gikinoo'amaagoo. Nimisenh dash gaa-kanawenimaad megwaa gikinoo'amaagooyaan. Miish gaa-ishkwaa-ganawenimag miish minawaa niningwanis gaa-izhi-ganawenimag. Baamaapii gaa-ishkwaa-gikinoo'amaagooyaan nimisenh ingii-pi-naanigonaan. Miish iwidi chi-oodenaang gii-ayaayaan gii-kanawenimag gii-anokiid bezhig nimisenh.

Miish miinawaa gaa-ishkwaa-gikinoo'amaadiyaang, ingii-maamiginaamin mashkodensiminan, ode'iminan miinawaa enigoonsag chi-gitigaaning. Ingii-wiidookawaa indede. Gaawiin memwech ingii-tiba'amaagoosiimin, indede ogii-adaawen wiisiniwin. Gaawiin ingii-kagwejimaasiin da-diba'amawiyangid gegoo. Gaawiin noongom izhiwebizisiiwag abinoojiinyag ji-wiidookawaawaad sa go eshamigowaajin.

Mewinzha ko indede gaa-ishkwaa-anokiid gii-pi-dagoshing, miish akina oniijaanisan miinawaa odaanikoobijigaansan ingii-ozhigaabawimin. Ingii-gikendaamin ji-maada'ookiid iniw ziinzibaakwadoons gii-agoodeg. Gaawiin aapiji ingii-pabaamendanziimin. Ingii-waabandaamin gii-atood, gaawiin-sh ingii-pabaamendanziimin. Miinawaa iniw baashkiziganan mii ko akina gaa-izhi-agoodeg imaa jiibaakwewigamigong baanimaa go

93

indede gaa-wiindamawaad iniw gwiiwizensan ji-aabajitoowaad. Gaawiin-sh memwech ogii-kagwejimaasiwaawaan odedeyiwaan. Noongom dash gaawiin gegoo bashkiziganan da-atesinoon imaa biindig omaa waakaa'iganing.

Mii sa go iw enaabiigizid.

29 Gaa-ni-izhitwaayaang Mewinzha

Gaa-tibaajimod **SUSAN SHINGOBE**

Gaa-tibaajimotawaajin **MICHAEL SULLIVAN SR.**

Mewinzha inga-dazhindaan ko iwidi zaaga'iganing gii-o-dazhi-giziibiiga'igeyaang. Gaawiin gegoo ingii-ayaanziimin nibi mayaajiibideg, aaniin ge-izhinikaadamaambaan *faucets?* Gaawiin gegoo imaa gaa-maajiibidesinog nibi ge-ondinamaang biinjayi'ii endaayaang.

Miish iwidi gaa-izhiwidooyaang ko indaa-ikid nibiizikiigininaanin aaningodinong nikonaasinaanin naa apikweshimoniiginoon, enaabadak sa go nibaang. Mii iwidi zaaga'iganing gaa-izhiwidooyaang ow dash da-giziibiiga'igeyaang, meta go gaa-maajiidooyaang ko mimigwaakosijigan. Ganabaj ko gaye ingii-maajiidoomin, miish eta noomag chi-giziibiiga'ige-makak, mimigwaakosijigan sa wiin igo miinawaa, mii ganabaj eta go imaa gaa-onji-niibawiyaang jiigibiig giziibiiga'igeyaang.

Miinawaa giizhi-giziibiiga'igeyaang iwidi agamiing mii miinawaa akina gegoo gaa-kiziibiiga'amaang bi-giiwewidooyaang. Agoodooyaang iwidi, ingii-inaabiiginaamin ko oodi mitigong, niizh mitigoog badakizowaad ingiw, chi-biiminikwaan miinawaa zagaakwa'igaansan.

Ingii-chi-anokiimin sa go mewinzha akeyaa gaa-izhi-bimaadiziyaang. Biboong ko ge chi-doodooshaaboowakikoog ingii-maajiinaanaan iwidi wiikwa'ibaan eyaamagak. Gaawiin go waasa imaa ko gaa-taayaang gii-ayaamagad i'iw wiikwa'ibaan. Mii imaa akina imaa besho imaa gaa-taajig, mii gemaa ge wiinawaa gaa-aabajitoowaad i'iw wiikwa'ibaan.

Gaawiin gegoo ko ge ingii-ayaanziimin waasamowin, mii na ezhinikaadeg *electricity*? Waazakonenjiganaaboo ko ingii-ayaamin i'iw gaa-onji-waazakonaweyaang. Miinawaa apane gii-paamaniseyaang iwidi megwekob ge-onji-abizoyaang. Bimiwanaanan ko ingii-ozhitoomin imaa bi-giiwewidooyaang iniw misan.

Eshkam-sh wiin igo Chi-mookomaanag ko ogii-adaawaagenaawaa iniw misan, mii ko gii-adaaweyaang, gii-wenipanad gegoo ko gii-adaawaageyaang iniw misan. Biinish igo gaye ingii-ni-adaawen i'iw jiibaakwe-gizhaabikizigan, mii gaye ko gaa-ayaamaang gaa-ayaabajitooyaang jiibaakweyaang chi-waazakonenjiganaaboo ko ge ingii-adaawen. Eshkam sa go gii-ni-wenipanad akeyaa gaa-ni-izhitwaayaang ani-bimaadiziyaang.

Mii sa eta go minik ezhi-gikendaamaan omaa gaa-izhichigeyaang mewinzha gii-taayaang.

Ayiigwa eni-biboong, mii gaye wanendamaan gii-aabaji'angid a'aw aya'aa biboonodaabaanens. Mii ko gaa-aabaji'angid aw gii-maajiinangid aya'aa chi-doodooshaaboowakik gii-naadiyaan ko nibi iwidi waasa gii-ayaamagak i'iw wiikwa'ibaan. Aaningodinong eta go ge ingii-ni-maajiinaanaanig akikoog gii-naadiyaang ko nibi iwidi waasa gii-ayaamagak i'iw wiikwa'ibaan. Ingii-chi-anokiimin sa go mewinzha akeyaa gaa-izhi-bimaadiziyaang. Gaawiin go ingii-pabaamendanziimin i'iw gii-chi-anokiiyaang ko waa-izhi-mino-ayaayaang mewinzha ko gii-chi-anokiiyaang. Niin wiin igo gaawiin ingii-pabaamendanziin. Mii gaawiin ingii-pabaamendanziin ko gii-chi-anokiiyaang gii-pami'agwaa ingiw gakina niniijaanisag. Mii sa eta ezhi-gikendamaan ge-ikidoyaambaan. 🖐

30 Maada'ooniding

Gaa-tibaajimod **WILLIAM PREMO JR.**

Gaa-tibaajimotawaajin **NICK HANSON**

Niwii-tibaajim gaa-inaapineyaan mewinzha imaa niibing. Ingii-ayaamin iwidi awas iwidi Aazhoomog akeyaa Jekaakwaag. Gii-kiishka'aakwe indedeyiban. Mii iwidi ingii-ayaamin nabagisago-waakaa'igaans. Ingii-ishwaachimin gaa-taayaang iwidi. Megwaa iwidi endaayaang ingii-tazhitaamin iwidi megwekobiing naa miikanaang. Iwidi ninandawaabamaag asiniinsag waa-aabaji'agwaa wii-pimwagwaa ingiw agongosensag.

Aaningodinong agwajiing nimaamaayiban gii-chiibaakwe. Ogii-panzwaan iniw gaagwan wii-miijiyaang. Mii sa go ishkwaa-wiisiniyaang iwidi agwajiing ingii-poozimin odaabaaning. "Ingoji na gidizhaamin?" ingii-kagwejimaa nimaamaa. "En', en'," gii-ikido. Ingii-mawadishiwemin nimishoomis naa gaye nookomis endaawaad. Ingii-chi-misawendaan iwidi izhaayaan. Shke sa naa niwii-waabamaa a'aw niitaawis Amikogaabaw. Gaawiin waasa, iwidi gii-ayaawag nawaj iwidi Aazhoomog ningaabii'anong akeyaa. Mii sa go ingii-maajaamin, indede gii-odaabii'iwe. Mii gakina nishiimenyag gii-wiiji'idiwag.

Iwidi ingii-noogishkaamin iwidi Eko-biising, *Duxbury* adaawewigamigong. Mii sa iwidi wii-adaawe waa-miijiyaang. Baanimaa niwii-tagoshinimin iwidi endaawaad chi-aya'aag. Ingii-chi-minwendam ayaayaan iwidi. Gaawiin gaye gii-noogishkaasiin aw odaabaan, ingii-saagijigwaashkwan odaabaaning. Ingii-piibaagimaa niitaawis aw Amikogaabaw. Gii-piijibizo, ogii-aabajitoon iw ditibiwebishkigan. Ingii-piibaagimig, "Aaniin dash omaa gaa-pi-izhaayeg?" "Anishaa go," ingii-ikid. Ingii-ojibwemomin gwiiwizensiwiyaang mewinzha. "Ahaw daga ingoji baa-dazhitaadaa." Iwidi megwekobiing ingii-izhaamin naa gaye iwidi ingii-paamaandawemin imaa mitigong. Baa-izhaayaang, ingii-akandoomin awegwenag ingiw awesiinyag bimojigan ingii-aabajitoomin. Naa gaye ishkwaataayaang iwidi ziibiing ingii-paa-dazhitaamin, ingii-pagizomin naa gaye ingii-paa-dazhiikawaanaanig ingiw omakakiig naa gaye ingii-wewebanaabiimin. Baanimaa iwidi waasa ingii-piibaagimigoomin, "Ambe omaa bi-wiisinig."

Ishkwaa-wiisiniyaang, gii-ikidowag ingiw chi-aya'aag, "Giwii-mawinzomin waabang chi-gigizheb." Mii sa go baa-izhitoowaad waa-nibaayaang apikweshimonan iniw waabowayaanan ogii-atoonaawaan imaa michisag. Mii sa go iwidi ingii-o-zhegoodemin anaamayi'ii adoopowining. Mii iwidi ingii-nibaamin Amikogaabaw gaye niin. Ingii-paapi'aanaanig ingiw chi-aya'aag gaa-ikidowaad, "Chi-gigizheb."

"Goshkozin," awiya ingii-tookinigoo, geyaabi dibikak ingii-inendam, mii i'iw chi-gigizheb. Ingii-goshkozimin naa gaye ingii-kiziibiigiingwemin naa iwidi agwajiing ingii-saaga'am. Azhe-biindigeyaang ingii-wiisinimin. Mii sa go ingii-izhaamin iwidi Animooshi-oodenaang. Chi-waasa iwidi chi-zhingwaakokaag ingii-izhaamin iwidi ingii-mawinzomin iniw miinan, "Chi-miinikaag iwidi," gaa-ikidowaad ingiw chi-aya'aag. Ingii-waabamaa a'aw niitaawis obigiim gaa-shaashaagwandang. "Daga bangii miizhishin," ingii-kagwejimaa. "Gaawiin, mii eta go bangii indayaan," gii-ikido.

Baanimaa ingii-tagoshinimin wii-mawinzoyaang iwidi. Mii iwidi ingii-miinigoomin makakoonsan waa-aabajitooyaang mawinzoyaang. Gaawiin wiikaa ingii-mawinzosiimin niitaawis naa ge niin, mii eta go gaa-paa-dazhitaayaang. Nashke sa naa ingii-inendam geyaabi ziinzibaakwadoonsan ogii-kaadoon.

Ayaaningodinong ingii-kagwejimaa wii-ayaamaan i'iw
ziinzibaakwadoons. "Gaawiin," apane gii-ikido. Geyaabi,
"Gaawiin," gii-ikido. Ogii-pizindaagoon aabiding nookomisan
gaa-ikidod Amik, "Gaawiin niwii-maada'ookiisiin." "Aaniin dash
waa-maada'ookiisiwan giziinzibaakwad?" ogii-kagwejimigoon
Amikogaabaw. "Bangii eta go indayaan," naa gaye gii-kinjiba'iwe.

Baanimaa onaagoshig ingii-asanjigomin, niwii-wiisinimin.
Ogii-atoonaawaan waabowayaan naa gaye ogii-atoonaawaa waa-
miijiyaang. Opiniig, gookooshi-biitoonigan, manoominaaboo,
mashkodesiminan naa onagizhiinsan, aniibiish dekaagamig,
makademashkikiwaaboo, wiishkobaagamig. "Wiisinig," gii-ikido
nookomis.

Ishkwaa-wiisiniyaang, ingii-tebisinii. Ingii-waabamaa
Amikogaabaw, gaawiin gii-mino-ayaasiin ezhinaagozid. "Daga
miinawaa o-mawinzookaazodaa," akawe ogii-nawadinaan i'iw
chi-gookooshi-okan. Owii-piinitoon i'iw wiiyaas geyaabi atemagad.
"Daga miizhishin bangii," ingii-ikid. "Gaawiin," gii-ikido, "Mii eta
go bangii gii-ishkwanjigewag," gii-kinjiba'iwe. Mii sa go hay',
inga-o-mawinz.

Baanimaa gii-azhe-bimose. Gii-aakozi omisadaang, gii-ikido.
Baa-nandawaabamaad omaamaayan ogii-kagwejimaan bangii
mashkiki wii-aabajitood wii-nanaa'itood gii-aakoshkade. Wewiib
owii-mikawaan mawinzonid iwidi ogii-kagwejimaan, awegodogwen
waa-aabajitood nanaa'itood gaa-aakoziishkaagod, mii eta go bezhig
ikidowin gii-ikido omaamaayan, "Maada'ookiin," gii-ikido. 👆

31 Zhawenindig!

Gaa-tibaajimod **BETTE SAM**

Gaa-tibaajimotawaajin **MONIQUE PAULSON**

 Mewinzha ko gii-inigaaziwag aanind ingiw Anishinaabeg, gaawiin ko apane gegoo ogii-ayaanziinaawaa ji-miijiwaad. Gaa-izhi-mawadisangidwaa ingiw indinawemaaganinaanig. Gaa-izhi-mikawangidwaa opiniin eta go wii-giizizwaawaad. Mii imaa ogitigaaning gaa-o-mikawaajin ji-ashamaawaad odabinoojiinyiman.

Miish imaa gii-naganigooyaang aw indede naa go ininiwag gaa-izhi-maajiibizowaad. Gaawiin ingii-gikendanziimin, dibi go gii-izhaawaagwen. Ayaapii go gii-pagamibizowaad. Mii azhigwa gii-pi-dagoshinowaad, gaa-izhi-biindiganaawaad iniw maanishtaanishan, giimooj gii-o-nisaawaad, gaa-izhi-biini'aawaad. Mii zhigwa dibikaabaminaagwak agaawaa go gii-ayaamagad waazakonenjigan, gaa-izhi-jiibaakwaanaawaad iniw maanishtaanishan. Mii go bangii go gaawiin ingii-minwenimaasiin gaa-izhimaagozid. Gii-maazhimaagozi.

Mii sa azhigwa gii-kiizizekwewaad, "Ambe bi-wiisinig, nimbakademin sa go!" Imaa namadabiyaang ji-wii-amwangid a'aw maanishtaanish. Mii imaa gii-miijiyaan i'iw omisad a'aw. Weweni go gii-piinichigaadeg. Mii noongom ezhinikaadeg *tripe*. Gaawiin miinawaa wiikaa indaa-miijisiin i'iw. Mii go wiisinisiwaang mii go ji-bakadeyaang. Booch igo gegoo ashamigooyaang booch igo ji-miijiyaang. Ishkwaa-wiisiniyaang ozhiitaayaang ji-ni-giiweyaang, mii iw akina gaa-izhi-nagadooyaang i'iw wiiyaas ji-ni-miijiwaad.

Mii go apane gaa-pi-izhi-wiidookodaadiwaad Anishinaabeg.

103

Awiya inigaazid, mii gii-wiidookawind. Gaawiin go akina awiya weweni ayaasiin, booch igo aanind gii-inigaaziwag. Mii go apane gaa-pi-izhiwebak booch wiidookodaadiwaad, maazhised a'aw Anishinaabe ji-zhawenindiyang, mii apane gaa-pi-ikidowaad, "Zhawenindig, zaagi'idig, bami'idig."

Mii gaa-ikidod nindede, "Zhawenindig." Mii iw. ☜

32 Gii-wiisagishing Nimaamaa

Gaa-tibaajimod **BETTE SAM**

Gaa-tibaajimotawaajin **MONIQUE PAULSON**

Mewinzha gii-agaashiinyiyaan nimikwendaanan aaningodinong gaa-pi-izhiwebiziyaang naa gaa-pi-izhichigeyaang. Apane indede gaa-paa-izhi-anokiid akina ingoji. Mii go gii-pi-dagoshing apane anooj gegoo gii-piidood *toboggan* go ge ogii-naanaan zhooshkodaabaanan. Mii dash imaa aabiding jibwaa-wiisiniyaang go ishkwaa-naawakwe-giizhigak akina gaa-izhi-giizhoopizoyaang. Besho imaa gii-ayaamagad wagidaakiins endazhi-zhooshkwajiweyaang.

Ingii-minwendaagoz go apane gii-shooshkwajiweyaang. Mii sa go imaa apane indede, indede ko apane niisaakiiweng gii-niibawid imaa gii-okoshimaad iniw goonan imaa dibishkoo miinawaa wagidaakiins ozhitood.

Nisayenh wii-wiidabimaad nimaamaayan ji-zhooshkobizowaad. Nidede madwe-gagwedwed, "Mii na minik goon ge-okoshimag?" "Gaawiin, nawaj!" gii-madwe-ikidod nimaamaa. Mii sa go aangwaamas madwe-ikidowag, "Mii iw minik!" "Ahaw! Mii minik," indede madwe-biibaagi. Mii azhigwa bi-niisaakiiwebizowaad!

Azhigwa ji-gii-pagamibizowaad okoshing a'aw goon ji-ombibizowaad. Gii-pangishinowaad dibishkoo go nimaamaa gaawiin gii-namadabisiin geyaabi eta go madwe-zhingishing. Nisayenh odaano-wii-wiindamawaan, "Ambe!" Mii eta go

105

gii-madwe-zhingishing. "Aaniin danaa ezhiwebiziyan?" indede ikido. "Gaawiin sha naa ningashkitoosiin ji-bazigwiiyaan." "Aaniin dash?" "Ganabaj nimbookwaanowese. Niwiisagishin imaa."

Mii gaa-izhi-giiwedaabaanind nimaamaa. Mii eta go ingoji go nimaamaa niiwogon gii-shingishing. Gaawiin gii-onishkaasiin ge ji-jiibaakwed. Nindede gii-chiibaakwed ashamigooyaang baamaa apii nimaamaa gii-onishkaa.

Mii sa imaa eta go gii-abid apane dibishkoo go endaso-giizhik baamaa go gaa-mino-ayaad apii gaa-onishkaad. Gaawiin miinawaa gii-o-zhooshkwajiwesiin. Mii wiin, nindede wiin gaa-izhi-jiibaakwed gii-ashamigooyaang. Gaawiin miinawaa wiikaa wii-shooshkwajiwesiin. "Ingii-wiisagishin go!" Mii eta go gii-o-ganawaabid niinawind ezhi-zhooshkwajiweyaang. Mii iw. 👋

33 Mii Apii Gaa-gashkendamaan

Gaa-tibaajimod **DAVID SAM**

Gaa-tibaajimotawaajin **KIM ANDERSON**

Mii iko go omaa gaa-tazhi-gwiiwizensiwiyaan, ningii-kanawenimig imaa nookomisiban naaningodinong imaa gegoo omaa ningii-izhiwebiz. Mii imaa dash ningii-aakoz imaa nikaakiganaang. Mii dash gii-izhiwinigooyaan imaa aakoziiwigamigong. Ganabaj naa ningii-ningodwaaso-biboonagiz gii-maajitaayaan i'iw gikinoo'amaagooyaan. Mii imaa booch imaa ningodwaaso maagizhaa niizhwaaso-biboonagiziyaan.

Mii iko gii-izhiwinigooyaan imaa aakoziiwigamigong. Ingiw mashkikiiwininiwag gii-pi-inaabiwaad imaa gaa-tazhi-aakoziyaan. Mii dash imaa gaa-izhi-ikidowaad sa *tuberculosis*. Mii iw gaa-ayaamaan iw aakoziwin imaa endazhi-bagidanaamoyaan. Mii dash gaa-izhi-maajii-izhiwinigooyaan imaa akeyaa Wiikwedong. *Ah-gwah-jing* izhinikaademagad i'iw aakoziiwigamig imaa Wiikwedong. Mii imaa gaa-izhiwinigooyaan.

Mii dash gaa-izhi-mikwendamaan imaa gwayak gaa-tazhi-nanaa'ishimigooyaan sa. Mii iko imaa waasechiganing, gaawiin imaa gii-ayaamagasinoon waasechigan, mii eta go imaa i'iw *screen*. Mii imaa gaa-tazhi-ayaayaang imaa dakingwaamaang. Mii iw gwayak gaa-tazhi-izhichigewaad ongow gaa-tazhi-aakozijig omaa o'ow *tuberculosis*. Mii imaa dash gaa-izhi-mikwendamaan iko gaa-atoowaad igo nibiiyaab imaa ninjaanzhing. Omaa akeyaa dash geget naa ingii-wiisagishin iw gaa-tazhi-izhichigewaad i'iw.

109

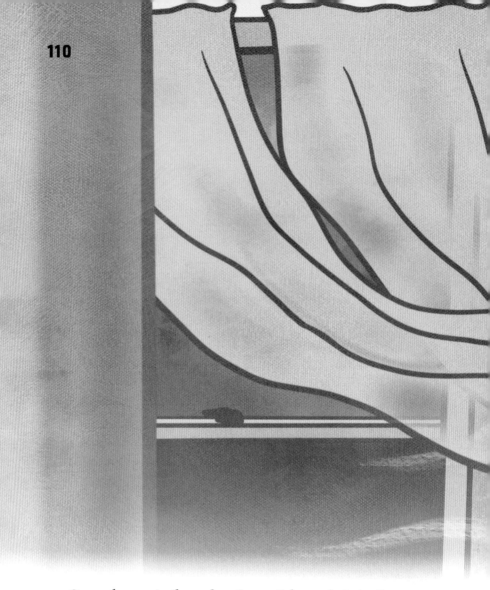

Gaawesh naa nimikwendanziin aaniish ganabaj ningii-ayaa
imaa niso-giizis gii-ayaayaan iwidi. Mii dash gaa-ikidoyaan, "Mii
eta go ingodwaaso-biboonagiziyaan, niizhwaaso-biboonagiziyaan.
Mii imaa niineta gii-ayaayaan." Gaawesh naa imaa ingiw nookomis
gii-pi-ayaasiiwag miinawaa nindede. Mii imaa dash omaa akeyaa
gii-ayaa a'aw inini, gaye wiin gii-izhaad iwidi. Mii a'aw gaa-tazhi-
ganawenimid iwidi. Mii dash imaa gii-mino-ayaayaan sa, gii-
izhiwinigooyaan imaa endazhi-ganawenimid aw ninookomisiban.
Mii imaa naaningodinong geyaabi gii-izhaayaan gii-

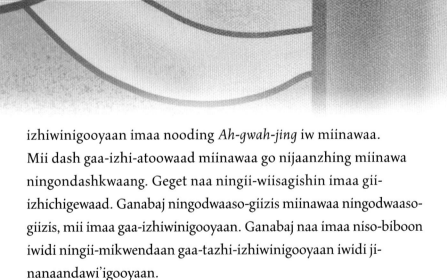

izhiwinigooyaan imaa nooding *Ah-gwah-jing* iw miinawaa.

Mii dash gaa-izhi-atoowaad miinawaa go nijaanzhing miinawa
ningondashkwaang. Geget naa ningii-wiisagishin imaa gii-
izhichigewaad. Ganabaj ningodwaaso-giizis miinawaa ningodwaaso-
giizis, mii imaa gaa-izhiwinigooyaan. Ganabaj naa imaa niso-biboon
iwidi ningii-mikwendaan gaa-tazhi-izhiwinigooyaan iwidi ji-
nanaandawi'igooyaan.

Mii dash azhigwa sa nimino-ayaa gaawiin sa naa geyaabi imaa
nindaakozisii imaa endazhi-bagidanaamoyaan, nikaakiganaang.

34 Odizhi'on

Gaa-tibaajimod **LORENA GAHBOW**

Gaa-tibaajimotawaajin **CHARLIE SMITH**

Apane ko mii mikwendamaan ingii-ayaamin odizhi'onan.
Nimaamaa ko odizhi'on bezhig wezaawizid animoons,
mii iniw odizhi'onan. Giishpin izhiwebizid odizhi'onan mii dash
gaa-izhi-miinind naasaab animoonsan. Apane gii-miijid wiiyaas,
anooj wiiyaas. Gaawiin nimikwendanziin geyaabi gegoo gaa-miijid.
Ogii-chi-zaagi'aan animoonsan. Ingii-chi-zaagi'aanaan. Mii dash
ko gimiwang gemaa zoogipog biindig gii-nibaa imaa endaayaang.
Nidede ogii-izhitoon waakaa'igaans
ji-nibaad animoons. Gaawiin awiya
ogii-inigaa'aasiin animoosan
apane gaa-izhi-zaagi'aawaad.
Akina go indinawemaaganag
ogii-saagi'aawaan animoosan
iko, gii-kagiibaadizid aw
animoons, ingii-misawendaan
iko ji-bakite'wag. Gaawiin-sh
ingii-izhichigesiin i'iw onzaam
ogii-saagi'aan nimaamaa.

Ogii-pawaadaan
indede ji-wiidookaagoyaan

113

waagaakwadoons. "Pane gidaa-ayaan waagaakwadoons weweni ji-mino-ayaayan." Ingii-pizindam. Geyaabi go indayaan bezhig. Maazhaa ingii-ingodwaaso-biboonagiz gii-miinigooyaan i'iw waagaakwadoons geyaabi go niwiidookaagoog niniijaanisag ji-ayaamaan niwaagaakwadoons, indizhi'on. Ingii-miinig indede waagaakwadoons apane ji-ayaamaan. Apane indayaan waagaakwadoons endaayaan. Apane ingii-wiidookaagoog nimaamaa miinawaa nidede ji-ojibwewitwaayaan.

Niibowa niwanitoon gaa-izhichigewaad nimaamaa naa indede. Mii iw. 👆

35 Gii-miigaadiwaad Anishinaabeg

Gaa-tibaajimod **RALPH PEWAUSH**

Gaa-tibaajimotawaajin **CHATO GONZALEZ**

Mewinzha go iwidi noongom ayaayaan i'iw Emikwaanensing izhinikaade iwidi akeyaa Wiskaansing ozhibii'igaadeg inin o'ow Chi-mookomaanag gii-gikendamowaad o'ow onow Bwaanan imaa gii-ayaanid. Bwaanag imaa gii-ayaawag ge wiinawaa. Miish iwidi akeyaa apangishimog akeyaa gaa-izhaawaad iwidi akeyaa *North Dakota* izhinikaadeg *South Dakota*. Mii idi noongom ayaawaad. Ge wiinawaa idi ezhi-gikendamowaad o'ow geyaabi bimaadiziwin wiikwajitoowaad sa go nanaandawi'iwewininiwag gii-ayaawag igig Bwaanag. Ogikendaanaawaa ge wiinawaa bimaadiziwin o'ow sa wiikwajitoowaad o'ow bimaadizid. Mii sa ge-onji-bimaadiziwaad o'ow gakina gegoo izhichigewaad gaye.

Ingii-waabamaag ongow igo gii-pi-izhaawaad iko Emikwaanensing ge Bwaanag miinawaa gii-wiidookawaawaad inin akiwenziiyan gaa-wiidookawag Bizaanigiizhig ezhinikaazod, a'aw nizinis indaa-ikid. Mii akeyaa izhinikaadeg nabaj mii akeyaa. Naa-sh owiiwan gaye ogii-gikendaan gaye. Ge wiin gii-oshki-maajitaad a'aw akiwenzii o'ow sa nanaandawi'iwed ingii-pi-gagwejimig o'ow da-wiidookawag, giishpin da-wiidookawag ingii-pi-gagwejimig. Maagizhaa gaawiin indaa-inaasiin o'ow wiikwajitood sa go wiin ge-pi-waabamigojin o'ow ingig gakina sa go ayaakozijig imaa mayaazhi-ayaajig bi-waabamaawaad o'ow bi-nanaandomaawaad sa go o'ow

115

ge-onji-bimaadiziwaad ge-onji-mino-ayaawaad sa go. Mashkiki ayi'iing mashkikiing ogikendaan a'aw akiwenzii miinigod inin manidoon o'ow izhinikaadeg. Mashkiki mitakamig eyaamagak apaapii sa go ge niin ingii-wiidookawaa sa go o'ow mashkiki baanaadiyaan iko. Mii gaa-izhichigeyaan i'iw ingii-gikenimaa giiwiindamawid igo o'ow mashkiki dinowa waa-ayaang baataniinad iwidi megwayaak o'ow mashkiki sa go o'ow ayaamagak sa ge-onjimino-ayaad a'aw Anishinaabe.

Gegoo noongom gaawiin igo aapiji ayaasiiwag ongow gwiiwizensag igo indaa-ikid o'ow sa gaawiin ogikendanziinaawaa akeyaa ge-ondinamowaad iw mashkiki. Booch inin manidoon da-wiindamaagowaad o'ow wegonen i'iw ge-minokaagod a'aw Anishinaabe. Ayaamagad igo nibiikaang ge ayaa aanind ayaamagad iw mashkiki. Anooj sa go ayaamagad, iw sa ge-onji-mino-ayaad a'aw Anishinaabe ge niin gekendamaan bangii o'ow sa mashkiki ge-ondinigaadeg sa ge-onji-bimaadizid sa go ge-onji-mino-ayaad ayaamagad. Gaawiin ge niin o'ow indaa-ikid ge niin o'ow, gaawiin ingikendanziin o'ow sa zhimaaganishiiwiyaan miinawaa mii iw gaaonji-gashkitooyaan onji-gashkitooyaan enanokiiyaan. Enanokiiyaan sa go wiidookawagwaa niij-anishinaabeg ge-onji-mino-ayaawaad.

Iwidi akeyaa chi-agaaming iwidi akeyaa Chi-mookomaan wenjibaad, miish gegaa go niizho-biboon iwidi ingii-paa-ayaa. Naa-sh miinawaa go miinawaa gaa-izhi-zhimaaganishiiwiyaan igo bekaanakin zhimaaganishiiwayaanan ingii-piizikaanan iwidi dash akeyaa aniibiishikewininiwag akeyaa gaa-onjibaawaad. Mii gaye iwidi akeyaa jiigaya'ii go ingoji go niizho-biboon ingii-paa-ayaa niinawind niij-akiwenzii Ozhaawashkogiizhig gaa-izhinikaazod niij-akiwenzii nishiime. Mii gaye idi gii-paa-ayaayaang gonezh. Gonezh ingii-paa-ayaamin. Mii iw gii-waabamiwaad igig manidoog sa aazhogeyaang iw ishpiming ge bemisemagak ingii-aabajitoon giimiinigod da-booziyaan iwidi izhaayaang.

Niizhing sa ingii-paa-ayaamin naa-sh chi-agaaming iw
gichigamiing ayaamagak. Mii ge iwidi akeyaa gaa-pi-izhaayaang
ji-gii-pooziyaang iwidi chi-jiimaan. Naa gaye nichiiwak igo
ayaaningodinong ji-ombibideg iko chi-jiimaan booch igo gii-
gashkitoowaad ongow Chi-mookomaanag ow akeyaa ge-izhaawaad.
Gii-nitaawichigewag ingiw Chi-mookomaanag ge wiinawaa
dagoshimaawaad niibowa inin zhimaaganishiiwininiwan. Mii
ko gaa-onji-niiwezhiwewaad nitaawichigewaad ingoji izhaawaad
miigaading. Ishkwaa-miigaading
iwidi chi-agaaming
babaa-izhaawaad
gizhaadigewaad.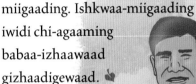

36 Gii-ishkonid Aw Oojiins

Gaa-tibaajimod **DAVID SAM**

Gaa-tibaajimotawaajin **KIM ANDERSON**

Mii imaa niimidana-ashi-naano-biboon imaa gii-ishkwaataayaan i'iw minikwewin. Geget naa ingii-kagwaadagi'igon zhingobaaboo. Mii dash omaa ingii-kagwejitoon ji-maajii-minikwesiwaan miinawaa. Mii go omaa gaa-izhaayaan imaa maawanji'idiwaad ingiw gaa-ishkwaataawaad gaye wiinawaa go. Mii apane gaa-tazhi-inendamaan i'iw minikwewin, naaningodinong geget ingii-minwedaan gii-minikweyaan. Gaawiin dash imaa ingii-mino-ayaasiin imaa inde'ing. Mii i'iw gaa-pi-izhichigeyaan imaa gii-kiiwashkwebiiyaan. Mii dash ningii-o-mawadisaa a'aw nindede, nichi-mishoome apane dash gaa-tazhi-gaganoozhid imaa. Mii dash imaa gii-pizindawag gii-tazhi-gaagiigidod. Mii imaa gaawiin geyaabi ningii-inendanziin i'iw jibwaa-ayaayaan ji-o-minikweyaan miinawaa. Mii imaa sa naa gii-pizindawag omaa naaningodinong awashime ishwaaso-diba'igan gaa-tazhi-ayaayaan.

Mii imaa aabiding gaa-pi-ikidod gakina awiya omaa akiing onjida gii-asindwaa, akina gegoo. Mii dash imaa endazhi-gaagiigidod, mii imaa dazhi-inendamaan, "Giishpin imaa debwed imaa ekidod i'iw gakina omaa gegoo. Wiindamawishin aaniish gii-asind omaa a'aw oojiins?" Mii imaa gaa-tazhi-inendamaan. Mii dash megwaa gaagiigidod imaa nichi-mishoome, mii imaa gaa-ikidod indigo naa, "Mii imaa gaye a'aw oojiins. Mii imaa dazhiikaman imaa gegoo, mii imaa bi-ayaad a'aw oojiins miinawaa bimooded imaa dazhi-inaabiyan, ikowebinad, mii dash gii-izhichigeyan

119

ji-ikowebinad. Geyaabi dash omaa endazhi-inendaman o'ow anokiiwin imaa. Mii imaa bi-ayaad imaa oojiins. Mii dash miinawaa endazhi-izhichigeyan. Mii go sa naa miinawaa bi-ayaad. Mii imaa dash imaa bi-ayaad imaa gininjiing. Mii geget imaa, mii azhigwa ge, mii dash geyaabi omaa inendaman waa-kiizhiikaman o'ow sa dananokiiyan omaa."

Mii dash azhigwa imaa oojiins mii imaa akeyaa da-bi-ayaa imaa gishkiinzhigong, mii dash imaa gijaanzhing. Mii dash imaa naa geget igo giga-nishki'ig waa-mamooyan gegoo ji-bakite'wad oojiins. Mii dash gii-tazhi-wanishkwetaad. Giga-nishki'ig. Nandawaabandan bagamaagan ge-aabajitooyan ji-bakite'wad. Mii aw sa gaawiin geyaabi ayaasiin. Gaawiin gimikawaasiin imaa.

Mii imaa gaa-pi-ikidod akiwenziiyiban, "Mii wenji-ayaad omaa ji-anwebiyan. O'ow mii dazhi-inendaman, mii dash gaa-onji-asindwaa ingiw oojiinsag."

Mii dash gii-ani-giiweyaan. Gaawiin geyaabi ingii-inendanziin ji-minikweyaan. 👋

37 Ganoodamaageyaan

Gaa-tibaajimod **RALPH PEWAUSH**

Gaa-tibaajimotawaajin **CHATO GONZALEZ**

O'ow ingomaapii idi ishkweyaang, gaawiin igo ingikendanziin minik izhi-biboong ayaawang, ongow dash imaa debendaagozijig ingii-noondaagoog o'ow ganoodamawagwaa igig aanind Anishinaabeg imaa dewe'iganing. Mii gekendamowaad i'iw, miish iidog gekendamaan o'ow akeyaa ezhi-gaagiigidong wiikwajitoowaan gaye niin akeyaa izhi-gaagiigidong o'ow gaagiigidong imaa a'aw dewe'igan abid gagwejimagwaa manidoog ow da-wiidookawaawaad inin Anishinaaben baandigenijin da-wiidookawaawaad. Mii akeyaa gaa-izhi-noondamaan ongow baandigejig imaa aw baakishing aw dewe'igan, mii ingig waadookawaajig. Misawaa go awiya gaa-pi-izhaasig mewinzha booch igo da-wiidookawaawaad.

Nake ge imaa ishkwaandem ayaamagak, gaawiin awiya daa-niibawisiin. Obitaakoshkaagowaan inin manidoon biindigewaad imaa. Mii gaa-izhi-noondamaan. Wawiingeziwag sa go aanind Anishinaabeg mewinzha gaa-gikendangig yo'ow izhichigewin akeyaa niimi'iding. Niibowa imaa bimaadiziwin miinaawag ongow Anishinaabeg baandigejig. Ke mii go imaa aabiding o'ow gii-kagwejimid aw bezhig ikwe iwidi akeyaa Minisinaakwaang iwidi bezhig gii-onjibaa a'aw ikwe gii-kagwejimid o'ow, namanj iidog gaa-miizhigwen, asemaa, gaawiin nimikwendanziin. O'ow dash gii-kagwejimid da-ganoodamawag o'ow sa aakoziwin gii-ayaang. Gaawiin igo nimikwendanziin nabaj i'iw aya'ii i'iw asabikeshiinyan.

121

Mii ezhid gaa-ayaang. Miish o'ow ganoodamawag wiikwajitoowaan da-ganoodamawag imaa dewe'iganing. Miish igo weweni gaa-izhi-gagwejimagwaa mii ingig manidoog o'ow da-wiidookawaawaad inin ikwewan ow da-mamoowaad o'ow sa aakwaadak aakoziwin aw sa asabikeshiinh. Miish iw mewinzha go ingii-kagwejimaa, "Aansh ezhi-ayaayan?" "Oonh nimino-ayaa go," ingii-inig. Gii-wiindamaagozi gii-mamigaadenig iw waa-aakwaadak aakoziwin. Geyaabi-sh igo noongom nabaj gagwe-babaamose iidog o'ow ige gii-mamoowaad o'ow ayaakwaadak aakoziwin ingig manidoog.

Geget igo omaa ayaamagad o'ow wiidookawind a'aw Anishinaabe da-mino-ayaad. Booch o'ow aaningodinong aanind odatoonaawaa onaagan naa-sh asemaan. Mii akeyaa ezhi-onizhishing mii nawaj da-wiidookawind a'aw nenaandomaajig inin manidoon. Geget imaa bimaadiziwin ayaamagad imaa ongow dewe'iganag ayaawaad, akina ongow dewe'iganag. Gaawiin ge indaa-ikidosiin o'ow da-wiidookawaasiwag ongow, booch igo da-wiidookawagwaa ingiw. Gaye giin igo.

Onizhishin i'iw inendaagoziyan da-ganoonindwaa ingig manidoog sa ge-onji-mino-ayaad a'aw Anishinaabe. Onizhishin i'iw. Booch ge wiinawaa ongow nenaandomaajig inin manidoon booch ge wiinawaa enendamowaad inin manidoon da-wiidookaagowaad weweni i'iw. Mii gaye imaa nawaj wiidookawindwaa ongow. Omaa ko gebwaa-zhimaaganishiiwiyaan imaa ingii-piindige naa go gaye gaa-pi-giiweyaan iko igaye bi-mawadishiweyaan, booch igo imaa aabiding gii-piindigeyaan zhimaaganishiiwayaan gii-piizikamaan. Mii gii-miigaading omaa ongow dewe'iganag eyaajig, mii go apane igo indinendam ingii-noondam gaa-izhi-madwewewaad ingig dewe'iganag niimiwaad Anishinaabeg nanaandomaawaad inin manidoon o'ow sa gaa-ishkwaa-miigaading da-bi-giiwewaad ongog ininiwag gaa-shimaaganishiiwiwaad.

Ongow gomaa go minik gii-izhaawag iwidi chi-agaaming

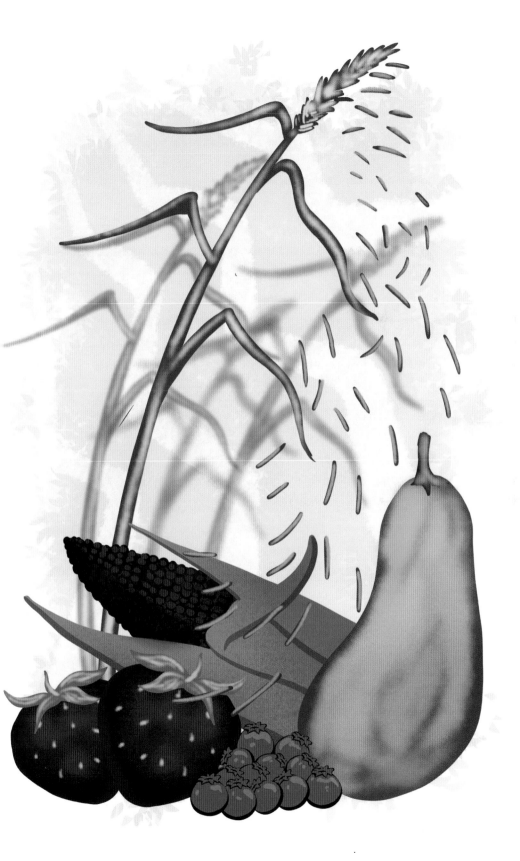

gii-miigaazowaad. Nake go ge inin odabinoojiinyimiwaan gii-
ayaawaawaad naa owiiwiwaan booch igo da-gii-izhinizha'ondwaa.
Gaawiin aapiji gii-ayaasiiwag ongow Chi-mookomaan-ininiwag
naa Anishinaabewininiwag ge da-miigaazowaad, booch igo da-
niiwezhiwewaad. Mii ongow dewe'iganag gaa-aabadizijig sa
gaa-gashkitoowaad o'ow da-niiwezhiwed idi chi-agaaming inin
Chi-mookomaanan sa gaa-sanagizijig Omakakiiwininiwag. Mii go
gaa-izhi-godagi'aawaad inin ochi-mookomaanimiwaan. Namanj
iidog ezhinikaazowaad, Omakakiiwininiwag nabaj izhinikaazowag.
Namanj iidog. Ogii-kodagi'aawaan ge inin, mii onow ochi-
mookomaanimiwaan a'aw *Hitler* gaa-izhinikaazod. Ogii-inigaa'aan
inin bemaadizinijin. Niibowa ogii-nisaan inin Chi-mookomaanan
wiiji-chi-mookomaanan. Booch igo ishkwaaj igo ani-ayaamagak gaa-
izhi-gikendang o'ow niiwenind. Mii gaa-izhi-nisidizod. Gonezh daa-
gii-kibaakwa'waa debibinindiban maagizhaa daa-gii-paashkizwaa.
Namanj iidog.

I'iw sa miigaading gii-sanagad, mii go akina ingoji go ongow
akeyaa Anishinaabeg naa Chi-mookomaanag, mii go ge wiinawaa ow
gaa-izhi-zanagak o'ow da-wii-pimaadizid. Ke go wiisiniwin gomaa
go minik eta go owii-gashkitoonaawaa iw ji-wiisiniwaad. Booch wiin
a'aw Anishinaabe gaawiin daa-gii-kawanaadanziiwag wiinawaa.
Ogikendaanaawaa wiinawaa ezhi-gashkitoowaad iw wiisiniwin
gaa-miinindwaa ongow Anishinaabeg chi-mewinzha. Miinawaa
ikidowaan igo megwayaak bemibatoojig, mii ongow awesiinyag
naa bineshiinyag, zhiishiibag, anooj igo akina gegoo ayaamagad
o'ow ge-aabajitoowaad igaye Anishinaabeg. Giigoonyag gaye.
Gaawiin wiikaa Anishinaabe daa-gii-kawanaandanziin. Gaawiin aw
Chi-mookomaan aya'ii maagizhaa bishigwaadizi. Gaawiin gegoo
odaa-izhi-miijisiin. Booch sa wiin igo gii-gikendaagoziwaad o'ow
asho-gawanaandamowaad booch ge wiinawaa da-miijiwaad i'iw.
Ingikendaan ko Chi-mookomaanag ge wiinawaa gii-amwaawaad

inin akakojiishan. I'iw ingig Anishinaabeg gaa-miinindwaa sa megwayaak bemibatoojig ge niin ekidowaan, mii o'ow gii-onizhishin gii-miijiwaad.

Nake go noongom igo gaawiin awiya odaabajitoosiin i'iw gaa-miinind Anishinaabe da-miijid. Ke-sh ow noongom maajiyang, mii ow aakoziishkaagod akina gegoo a'aw Anishinaabe. Mii go o'ow debibidood o'ow aakoziwin igo Chi-mookomaanag maajijig dayebibidoojig. ☙

38 Zhawenimik Ikwewag

Gaa-tibaajimod **DAVID SAM**

Gaa-tibaajimotawaajin **KIM ANDERSON**

 Ningii-wiindamaagoo awiya gii-waabamind inini gaa-tazhi-gibinewenaad iniw ikwewan gaa-tazhi-wiij'ayaawaad. Mii dash gaa-mikwendamaan gii-kwiiwizensiwiyaan iko, gaa-pi-ganawaabamagwaa ongow ininiwag, indinawemaaganag gwayak gaye wiinawaa gaa-pi-izhichigewaad iw, naaningodinong gaye wiinawaa gii-kibinewenaawaad owiiwiwaan. Indedeyiban gaye gii-waabamag gii-bakite'waad nimaamaayibaniin. Mii gaye izhi-biibaagimaad. Gaye ingiw nimishoomeyag gaye wiinawaa gaa-izhichigewaad. Mii gaye igo nisayenyag ge wiinawaa gaa-pi-izhichigewaad.

Mii apane imaa go gaa-tazhi-nishki'indwaa, mii dash gaa-onji-bakite'waawaad owiiwiwaan. Mii dash imaa gaye niin, gii-oshki-ininiiwiyaan, mii gaye gaa-pi-izhichigeyaan wayeshkad niwiidigemaagan. Mii iko gaa-tazhi-gibinewenag. Mii gwayak gaa-tazhi-inendamaan gakina awiya gaa-pi-izhichigewaad ininiwag.

Mii apane gaa-pi-minikweyaan i'iw zhingobaaboo. Mii gwayak gaa-tazhi-gikendamaan ji-wanendamaan gaa-pi-doodawag niwiidigemaagan. Mii dash imaa gaa-ishkwaa-minikweyaan, naanaagadawendamaan i'iw, gaawiin ningii-minwamanji'osiin gaa-izhichigeyaan. Mii gaa-pi-ishkwaataawaad ongow ininiwag gaye wiinawaa gaa-tazhi-minikwewaad. Mii ingiw gaa-pi-wiidookawijig imaa ji-naanaagadawendamaan ji-gwayakochigeyaan i'iw sa gaa-pi-maanendamaan. Mii imaa gwayak gaa-tazhi-maajitaayaan sa ji-nanaa'isidooyaan i'iw sa gaa-pi-ganawaabamagwaa gaa-izhichigewaad. Gaawiin sa naa i'iw gii-minochigesiin awiya geyaabi waa-tazhi-izhichiged.

Mii gaye gaa-tazhi-gikinoo'amaagooyaan ongow ininiwag sa gaa-pi-gaganoozhiwaad. Gii-ikidowag, "Gego naa izhichigeken iw geyaabi. Gaawiin sa naa gimiinigoosiimin ikwewag igo omaa gaa-onji-asindwaa omaa akiing ge-dazhi-maji-doodawangwaa." Mii imaa dash iwapii gaa-maajii-mino-ayaayaan azhigwa sa, mii gaa-pi-gikendamaan i'iw.

Mii iw gwayak omaa asind wii-kagwe-wiindamaageyaan i'iw, gaawiin sa naa igo awiya daa-izhichigesiin geyaabi. Omaa giinawind igo sa ganawaabamang awiya gidaa-ikidomin, "Gego izhichigeken iw." Zhawenimik ingiw ikwewag. Mii imaa gaa-onji-asind omaa akiing ji-manaaji'angwaa. 👈

39 Gikendaasowin Anokiimagak Wiidookaagoyan

Gaa-tibaajimod **JOSEPH NAYQUONABE SR.**

Gaa-tibaajimotawaajin **DUSTIN BURNETTE**

Ahaw nindinawemaaganidog nidazhindaan sa imaa gii-azhegiiweyaan gii-gikinaa'amaagooyaan, ishpiming gikendaasowin gii-naazikamaan. Gaa-onji-azhegiiweyaan ingii-kaganoonaag ko abinoojiinyag wiindamawagwaa, "Gikinaa'amaading izhaag! O-giizhiikameg i'iw gikendaasowin naa ganabaj bi-azhegiiweyeg ji-bi-wiidookawegwaa ongow gidinawemaaganinaanig." Nake niibowa omaa ayaamagad anokiiwin ge-aabajitooyang i'iw gikendaasowin ayaamang. Mashkikiiwininiwag, ashangewikweg, dakoniwewininiwag, gikinaa'amaagewininiwag naa ikwewag. Niibowa go ayaamagad ge-aabajitooyang sa iw naabishkamang i'iw gikendaasowin. Mii i'iw gii-wiindamawagwaa ingiw abinoojiinyag gaganoonagwaa.

Aabiding dash a'aw bezhig gaa-kaganoonag ingii-kagwejimig, "Aaniish giin wapii waa-izhaayan i'iw gikendaasowin?" Mii dash imaa gii-wiindamawag, "Mii imaa ingii-gikinaa'amaagoo sa gegoo ji-ozhitooyaan." Ingii-inendaan dash, "Geget igo debwe," mii go wiindamawagwaa ji-izhichigewaad maagizhaa ge niin indaa-izhaa ji-waabanda'agwaa sa go, nake mii ge niin dibishkoo go wiindamoonaan ingii-izhichige niin.

Mii dash iwidi *St. Cloud State University* iwidi ingii-izhaa.

Megwaa dash iwidi ayaayaan gaawiin ingii-gikendanziin waa-
naabishkamaan gikendaasowin. Ingii-waabandaan dash omaa
Misi-zaaga'iganing epiichi-zanagak i'iw wayaabishkiiwed
ominikwewin. Ingii-waabamaag niibowa ingiw niwiij-anishinaabeg
inigaaziwaad sa aabajitoowaad i'iw mayaanaadak, wayaabishkiiwed
ominikwewin. Aanind ogii-wanitoonaawaan bimaadiziwin,
naa ge gii-makamaawag iniw oniijaanisiwaan. Niibowa go gii-
inigaaziwag. Mii iw gaa-naada'amaan sa ji-wiidookawagwaa. Mii
iw gaa-tazhiikamaan imaa gii-gikinaa'amaading. Ingii-kiizhitoon
i'iw gikinaa'amaadiwin. Ingii-miinigoo i'iw mazina'igan, awiya ji-
gikendang gii-kiizhiikamaan.

Gaawiin wayiiba nimikanziin anokiiwin gaa-kiizhiikamaan
gikendaasowin. Niwiindamaag dash a'aw ikwe, ingii-gikenindimin,
niwiindamaag imaa anoonaawag omaa *Mille Lacs County* ingiw
genawenimaajig iniw gaa-pagidinindwaa dakoniwewigamigong.
Ingii-izhaa dash iwidi *Mille Lacs County* waa-kagwedweyaan sa
aaniish ge-izhichigeyaan imaa ji-anoonigooyaan. Niizh imaa
ikwezensag niigaan imaa ayaawag. Mii ge wiinawaa i'iw bi-
gagwedwewaad. Miish gii-miinindwaa mazina'igan miinawaa
wiindamawindwaa wapii ge-mamoowaad gojibii'indwaa ji-
anoonindwaa. Niin dash imaa gii-tagoshinaan ingii-kagwejimig a'aw
ikwe, "Booch omaa ji-ayaaman i'iw mazina'igan wiindamaagoyaang
mii gii-kiizhiikaman i'iw gikendaasowin." Ingii-wiindamawaa dash,
"Indayaan. Indaa-naadin ina?" Ingii-kagwejimaa dash, "Aaniish wiin
ingiw ikwezensag gaa-onji-gagwejimaasiwadwaa?" Ingii-agaji'aa.
Ingii-miinig-sh wiin igo i'iw mazina'igan. Ingii-pi-mamoon i'iw
gojibii'igan, mii dash imaa gii-anoonigooyaan sa ji-wiidookawagwaa
ingiw gaa-pagidinindwaa dakoniwewigamigong.

Mii iw gaa-maamawi-zanagak anokiiwin gaa-ayaamaan.
Ajinens imaa ingii-anokii. Mii dash iwidi gii-kanoonigooyaan iwidi
ingiw Anishinaabeg wiidookawindwaa sa miigaadamowaad i'iw

wayaabishkiiwed onibiim. Ingii-minwendaan wiidookawagwaa ingiw niwiij-anishinaabeg miigaadamowaad i'iw mayaanaadak. Gaa-wiindamawiwaad, mii iw gii-gikendamaan gii-izhiwebiziwaad aabajitoowaad, mii iw gwayak gaa-tazhi-wiidookawagwaa.

Mii dash imaa aanind gii-ishkwaataawag, aanind ogii-pwaanawitoonaawaan. Onzaam niibowa wiisagendamowin. Niibowa ingii-waabandaan wiisagendamowin. Ingii-waabandaan azhigwa mewinzha gii-kiikaamagwaa wiindamawagwaa, "Gaawiin gidoonizhishisiim, apane giminikwem, gaawiin giwii-anokiisiim, gaawiin giwiidookawaasiig ingiw giniijaanisag naa ge giwiij-anishinaabeg. Gaawiin gidoonizhishisiim."

Mii dash imaa wiidookawagwaa. Mii azhigwa gii-waabandamaan gaa-onji-izhiwebiziwaad omaa gii-kiikaamagwaa. Ingii-maazhendam wiidookawagwaa. Ayaamagad i'iw, mii akina awiya gaa-inigaa'ad, gaa-kiikaamad. Akina gaa-kiikaamagwaa, gaa-inigaa'agwaa, mii iw omaa wiidookawagwaa sa ji-boonitoowaad i'iw wayaabishkiiwed onibiim. Gii-wiindamawiwaad ayaawaad, mii imaa gii-waabandamaan wenji-izhiwebiziwaad sa aabajitoowaad i'iw.

Indinawemaaganidog, zhawenindig. Mii iw. 🖐

40 Asiniig

Gaa-tibaajimod **RALPH PEWAUSH**
Gaa-tibaajimotawaajin **CHATO GONZALEZ**

I'iw dash igo mewinzha gomaapii ishkweyaang i'iw dash o'ow ingii-goshko'igoog sa go wiindamaagoowaan imaa wii-asigoowaan dewe'iganing, bwaanzhi-dewe'igan gii-kagwejimigooyaan da-wiidookaazoyaan. Mii dash a'aw mindimooyenh *Jenny Weyaus* niwanenimaa gaa-izhinikaazod. Mii a'aw gaa-wiindamawid, miish imaa gii-wiindamawid o'ow ingig Anishinaabeg ow gii-gikendamowaad o'ow nitaa-gaganoonagwaa ingig manidoog o'ow sa da-wiidookawag niij-anishinaabe. Mii iw gaa-gikendamowaad sa go. Ingii-ayaawigoog imaa dewe'iganing ge niin da-dibendaagoziyaan gii-gikendamowaad i'iw onizhishing o'ow ezhichigeyaan o'ow ganoonagwaa ongog manidoog o'ow sa ge-onji-mino-ayaad a'aw Anishinaabe. "Giwii-asigoo imaa," ikidod, "Giwii-ayaawigoog Anishinaabeg ongog debendaagozijig imaa dewe'iganing." Gii-ikido, "Giwii-ayaawigoog imaa da-dibendaagoziyan gaye giin." Mii azhigwa yo'ow ongog Anishinaabeg debendaagozijig imaa dewe'iganing, "Giwii-ayaawigoog omaa da-dibendaagoziyan ge giin o'ow sa nitaa-gaagiigidoyan ow dazhimadwaa ingig manidoog," ingii-inigoog.

Miish iw gii-wiindamawag, "Baamaapii akawe imaa nimikwendaan," indinaa ge-izhichigeyaan. Gaawiin sa go gonezh ingoji go, gaawiin igo gonezh ingii-paabiitoosiin sa go, miish iw, "Ahaw," ingii-inaa, "Mii da-nakwetoonaan ge niin imaa da-dibendaagoziyaan," indinaa. Miish ow gaa-onji-izhichigeyaan o'ow akeyaa da-dibendaagoziyaan ge niin dewe'iganing o'ow

133

sa mikwenimagwaa ongog Anishinaabeg imaa debendaagozijig
naa-sh ge wiinawaa imaa sa go dibendaagoziwaad imaa sa go
omaa Neyaashiing ezhinikaadeg. Mii ingig Anishinaabeg gaa-
mikwenimagig. Mii ingig mesawendangig sa go da-onizhishing
o'ow akeyaa da-ganoodamawagwaa sa go da-mino-ayaawaad.
Aaningodinong ko aakoziwin gegoo imaa obitaakoshkaanaawaa
ongog Anishinaabeg. Mii o'ow dezhindamaan o'ow sa go da-izhi-
boodaajigaadeg ingig manidoog wiinawaa ogikendaanaawaa ge-
izhichigewaad yo'ow sa ge-onji-mino-ayaad a'aw Anishinaabe.

Mii iw wenji-ayaad a'aw dewe'igan, ongow sa Anishinaabeg
da-naazikawaawaad sa ge-onji-mino-bimaadiziwaad. Naa-sh gaye
gonezh ingii-gikenimigoog ongog sa go ow apane biindigeyaan
imaa aw baakishing a'aw dewe'igan. Mii imaa biindigeyaan
o-namadabiyaan, gaawiin-sh nigii-mikwendanziin ge niin igo
mewinzha gaawiin nimikwendanziin imaa ingig izhaayaan imaa
niin, mii go ge niin gaawiin aapiji gegoo ingikendanziin sa go ow
akeyaa ge-izhichiged a'aw Anishinaabe wii-mino-ayaad. Mii sa
go naagaj igo gaa-izhi-mikwendamaan. Naa-sh gaye ingiw niij-
akiwenziiyag niizh imaa ingii-wiijiiwigoog. Mii sa go gii-maajii-
gaagiigidowaan ko, "Nawaj o'ow da-gizhiiweyan o'ow gaagiigidoyan,"
ingii-inigoog niij-akiwenziiyag gidaa-noondaagoog ongog
Anishinaabeg akeyaa ezhi-gaagiigidoyan naa-sh gaye ingig manidoog
gidaa-noondaagoog akeyaa ezhi-gaagiigidoyan.

Mii imaa wenji-izhaad Anishinaabe wa'aw dewe'igan
baakishing. Mii bimaadiziwin o'ow, mii imaa wenji-izhaawaad
ongog Anishinaabeg. Mii gaa-onji-miinind a'aw Anishinaabe inin
manidoo-dewe'iganan. Mii iko indedeyiban gaa-kwayako-ikidod ko,
"O-bagoshi'iwen o'ow bimaadiziwin," gii-ikido, "Imaa naazikawad
a'aw dewe'igan baakishing." Ge wiin ko gii-nagamo ko ge wiin imaa
indedeyiban Madweyaanimad gaa-izhinikaazod.

Mii imaa Wiikwegamaang ko Anishinaabeg niibowa

gii-baataniinowaad ko mewinzha. Naa gaye imaa ayaapii go imaa
jiigibiig akeyaa gaa-ni-izhaawaad ko ongog Anishinaabeg chi-
asin ingoji go maamiginind o'ow gaa-ishpising. Miish ko imaa
gii-ni-asaawaad igo imaa Anishinaabeg o'ow inin asemaan gii-ni-
asaawaad ko imaa i'iw gaa-izhinaagwak imaa asemaa asind, mii
go bangii gaa-izhi-waabishkizid ow nibi gimiwang o'ow, mii nawaj
igo ogiziibiiginaawaan o'ow. Gii-mindido a'aw chi-asin, geyaabi
sa go abi aw. Aaniish-naa gaawiin awiya ogashki'aasiin awiya da-
mamaapan sa go ow da-ayizhiwinaad. Mii go enendamaan ko o'ow
sa chi-asin imaa enabid jiigibiig, chi-mewinzha imaa gii-maajii-abid.
Geyaabi sa go abid a'aw. Mii imaa Anishinaabeg imaa asaawaad iniw
odasemaawaan o'ow misawendamowaad o'ow da-wiidookaagowaad
inin manidoon sa ge-onji-mino-ayaawaad.

Naa-sh gaye a'aw indinawemaagan ko a'aw Zhaawanaasing
gaa-izhinikaazod, omaa ko gii-taawag *John Wadena* gii-izhinikaazo.
Apaapii gii-ozhiiginiged bimosed bimi-ayaad. Gii-naabishkaage
bimi-zagaswaad igo.

Niibowa sa go geyaabi manidoog ayaawag. Mii go
imaa endaayaang igo, mii go geget gii-izhi-waabamaawaad
aanind indinawemaaganag omaa biinji-ayaawaad i'iw izhi-
waabamaawaad imaa bimosenid biinji-waakaa'iganing. O'ow sa go
manidoowendaagwad. Mii imaa waakaa'igan etemagak. Naa mii go
gii-izhaayaan iko igaye mii imaa asag imaa asin asemaa. Mii iw izhi-
waabandamaan o'ow sa manidoo-minis ayaamagak naa-sh gaye asin
enabid. Mii ingig dezhimagig yo'ow asag imaa asemaa ingoji opime-
ayi'ii asining abid. Mii imaa ani-apagizomagwaa inin asemaan
ongog manidoog sa ow minwendamowaad ge wiinawaa o'ow sa
miinindwaa inin asemaan ge-onji-mino-ayaad a'aw Anishinaabe.
Gonezh imaa mii go gaye ayi'iing imaa o'ow minis o'ow ayaawaad
ge wiinawaa manidoog.

Mewinzha go imaa o'ow Chi-mookomaanag imaa gii-

akwaandawewaad ingig abinoojiinyag manidoo-minis. O'ow
dash gaa-izhiwebizid bezhig a'aw Chi-mookomaanens gaa-izhi-
diitibishkawaad inin chi-asiin. Mii dash imaa gii-datagoshkoozod
gii-nisigod inin chi-asiniin. Aaniish-naa ingig manidoog
gaawiin owii-ayaawaasiwaawaan inin wayaabishkiiwenid
imaa da-babaamaandawewaad imaa sa go imaa endaawaad
migoshkaazikawaawaad. Miish igo apii gaawiin imaa Chi-
mookomaanag inendaagozisiiwag da-izhaawaad maagizhaa gaye
gegoo etegin. Gaawiin wiikaa besho indoonji-izhaasiin minik
imaa gaa-taayaan. Mii imaa gaa-taayaan gaawiin wiikaa ingii-
izhaasiin eta go gii-tebaabamag. Aabiding sa wiin igo ingii-izhaa
imaa gii-o-waabandamaan. Onizhishin imaa naagwak imaa aw sa
asiniig abiwaad. Mii imaa Neyaashiing manidoog namadabiwaad.
Mii imaa ayaawaad. O'ow dibaajimoyaan, gaawiin igo wiikaa igo
indibaajimosiin. Chi-mewinzha o'ow sa zaaga'igan gii-iskatemagak,
ingii-waabamaa a'aw iwidi biidaasamosed. Ajina ingii-waabamaa
sa go waabanda'igoowiziyaan imaa manidoog wenjibaawaad gii-
agaashiinyiyaan.

Gaawiin wiikaa awiya niwiindamawaasiin. Mii bijiinag
wiindamoonaan i'iw. Giishpin igo aanind Anishinaabeg o'ow
gegoo waabandamowaad, mii iw waadookaagowaajin manidoon.
Gaawiin-sh sa go wiikaa igo aapiji go odaa-dazhimaasiwaawaan inin
manidoon. Mii go dazhimaawaad apane, mii iw indaa-ikid igo, yo'ow
sa go gaawiin igo aapiji odaa-wiidookaagosiiwaan.

Gaawiin odazhimaasiwaawaan inin manidoon gaa-
waabamaawaajin. Wiinawaa eta go gii-inendaagoziwag
o'ow da-waabamaawaad sa go da-aabaji'aawaad sa go da-
nanaandawi'iwewaad maagizhaa da-ganoodamaagewaad gegoo.
Mii inin ayaabaji'aawaajin. Mii eta go imaa aabaji'aawaad
inin o'ow ganoonaawaad inin manidoon da-wiidookawaanid
inin enawemigowaajin da-wiidookawaad da-mino-ayaawaad.

Ayaaningodinong ko ongog Anishinaabeg gegoo gekendangig, gonezh gaagiigidowag.

Ke go imaa akiwenziiyiban gaa-wiidookawag gii-pi-izhaawag ko Anishinaabeg omaa gaye aanind gii-onjibaawag naa-sh geget ingig Bwaanag gii-pi-izhaawaad anaamisag okwii'idiwaad miish imaa manidookewaad ayaamowaad. ✍

41 Baa-gikinoo'amaageyaan Ojibwemowin

Gaa-tibaajimod **SUSAN SHINGOBE**

Gaa-tibaajimotawaajin **MICHAEL SULLIVAN SR.**

Niiwin iniw baa-gikinoo'amaageyaan iwidi iw Ojibwemowin iwidi Wewinabi endazhi-gikinoo'amaading, niiwin iniw endazhi-gikinoo'amawindwaa niiwin abiwinan indizhaa. Meta go minik gaa-miinigooyaan ashi-naano-diba'igaans da-baa-gaagiigidoyaan, bezhig iw abiwigamig. Miinawaa ge indizhaa gaawiin ingikenimaasiin anishinaabewinikaazod aya'aa *Jada*. Aabita-diba'igan wiin imaa indizhaa ko. Mii tagiizh ge iwidi wiidookaazoyaan ishkwaa-naawakweg niizho-diba'igan waabowayaanikewaad indaanis Ozhaawashkwabiikwe miinawaa Asin. Niibowa sa go iniw waabowayaanan anoonaawag da-giizhitoowaad. Mii ko iniw maagiwengin ingiw gebe-gikendaasojig imaa gikinoo'amawindwaa chi-gikinoo'amaadiiwigamigong.

Nitam mayaajitaayaan imaa ingiw enaginzojig miinawaa genawendangig gikinoo'amaadiwin, *school board members*, mii gaa-kagwejimigooyaan akawe, maagizhaa aano-wii-wawaanimigoowaanen Anishinaabe-gaagiigidowin ojibwemong. Mii akawe iw miish gaa-izhi-anoonigooyaan, baa-gaagiigidoyaan Ojibwemowin imaa gikinoo'amaadiiwigamigong imaa ayiigwa *Wewinabi School*, Wewinabi endazhi-gikinoo'amaading, mii imaa endazhi-anokiiyaan.

Maazhaa indaa-gagwe-ikid akeyaa ezhichigeng iw waabowayaan

ozhichigaadeg. Mewinzha niin ko gii-kashkigwaasoyaan, mii iw gaa-izhi-ayinizhamaan eta iw gidagiigin, gaa-izhi-gaagiishkibidooyaan. Noongom dash niwanendaan naa iw dinowa enaabadak giishkizhigeng. Endazhi-adaawaageng endazhi-gashkigwaasong, mii imaa, mii go dinowa wendinigaadeg adaawewaad iwidi chi-oodenaang. Apane go gegoo wii-ikidoyaan, gii-naadiyaan ko gidagiigin iwidi chi-oodenaang maazhaa onaagoshig mii gaashkiishkibidooyaan, miish ingiw gwiiwizhenzhishag ingii-waabamigoog ezhichigeyaan i'iw. Gii-ikidowaad, "Aaniish wenji-adaaweyan i'iw gidagiigin imaa, mii imaa bi-dagosidooyan endaayang, bezhig gaa-kiishkibidooyan?" Mii ko akeyaa waabowayaanan gii-ozhitooyaan. O'ow dash bangii egaasaagin ko gii-inizhamaan moozhwaagan ingii-aabajitoon.

Miinawaa-sh a'aw gete-gashkigwaason apane ingii-aabaji'aa. Mii ayiigwa iidog ani-bagandiziyaan ozhitooyaan waabowayaanan. Nibaa-anoonaa awiya da-ozhitamawid. Booch wiin go diba'wagwaa ozhitamawiwaad waabowayaanan. Niibowa indaabajitoonan dewe'igan aabadizid. Bezhig eta go dewe'iganing indibendaagoz, ogichidaakweg wiijishimotawagwaa. Bebangii niin eta go indoozhibii'ige. Gaawiin wiikaa niin indoozhibii'igesiin. Bangii ikidowin eta go ingikendaan. 🖐

42 Miikanaang Gii-anokiiyaan

Gaa-tibaajimod **SHIRLEY BOYD**

Gaa-tibaajimotawaajin **HANNAH ORIE**

Gaawiin ingii-kabe-gikendaasosiin. Gii-ashi-ningodwaaso-biboonagiziyaan ingii-ishkwaataa gikinoo'amaading. Baanimaa go gaa-anokiiyaan imaa gii-azhegiiweyaan da-mamooyaan G.E.D. Nishimis ingii-kagaanzomig ji-gagwe-anokiiyaan imaa. Miish gaa-izhi-anoonigooyaan ji-maadanokiiyaan imaa miikanaang MNDOT.

1977 imaa chi-miikanaang ingii-aabajitoomin iniw gwaaba'iganan miinawaa mekadewaag bingwi miinawaa waasamo-bimide genigawinigaadeg mooshkinatooyaang iniw begoneyaagin miikanaang. Giishpin gimiwang mii iwapii ge-dazhiikawangid nindoodaabaaninaan miinawaa waasamoo-mashkosii-giishka'iganag imaa biindig. Giishpin zoopigog mii iwapii aaningodinong ko gigizheb niizho-diba'iganek maadanokiiyaang. Baamaapii ingii-aabajitoomin iniw biigwakamigibijigan giisphin niibowa mikwam gaa-kashkading imaa miikanaang. Azhigwa maajitaayaan enigok gii-takonaamaan aadikwe'igan, agaawaa go ingii-pagidinaan. Gaa-izhi-maajii-ziiginamaan makade-mashkikiiwaaboo ji-minikweyaan megwaa anokiiyaan ani-wenipanendamaan nawaj. Ingii-aanjigoz Aazhogeyaabikising ji-anokiiyaan, gii-agaasaa waakaa'igan gaa-taayaan. Bepashkojiishkiwagaag miinawaa ingii-aandanokii. Mii imaa Mazhii'iganing gaa-maadanokiiyaan imaa wapii bezhig inini

143

ingii-wiindamaag gii-tajiseyaan endaso-gigizheb. Gaawiin dash
wiikaa ingii-tajisesiin. Ingii-kanoonig a'aw ogimaa ji-bi-izhaayaan
gaa-tazhi-anokiiyaan. Miinawaa waasamo-giishkiboojigan ingii-
aabaji'aa aaningodinong ko ingii-kiishkizhwaag ingiw mitigoog gaa-
bimaakoshinowaad miikanaang. Miinawaa ko waawaashkeshiwag
gii-piizikoonindwaa aaningodinong ingii-pimidaabaanaag opime-
ayi'ii miikanaang.

Baanimaa 1963 ingii-maajitaa Gibaakwa'iganing ingii-
izhaa. Ingii-maajitaa Gibwaakwa'iganing *Garment factory* ji-
gashkigwaasoyaang. Miinawaa-sh Oshki-oodena ingii-izhaa 1965
gii-anokiiyaan. Nawaj ingii-miinigoo Oshki-oodenaang ji-izhaayaan
ji-gikinoo'amaageyaan iniw biizikiiginan gaa-ozhitooyaang
ikwewag babiinzikawaaganan. Miish gibaakwa'igaadeg, miish
Biiwaabikokaaning gaa-izhaayaan ji-anokiiyaan. Gaa-ishkwaa-
anokiiyaan Biiwaabikokaaning mii iwapii ingii-maadanokii
miikanaang. Niizhtana ashi-niiyo-biboon ingii-ishkwaa-anokii gii-
ningodwaasimidana ashi-niizho-biboonagiziyaan. Gaawiin-sh ingii-
minwendanziin. Akina abinoojiinyag gaawiin awiya
gii-ayaasiin imaa endaayaan. Geyaabi indayaawaag
abinoojiinyag aanikoobijiganensag. Aanawi
ingii-pi-bimose. Ataagewigamigong ko ingii-
izhaa gaawiin dash gii-tebisemagasinoon.

Ingii-gashkigwaas gaye gaawiin
dash ingii-gashkitoosiin ji-namadabiyaan
ji-maajitaayaan. Mii eta go gidagiigin
gaa-miigiweyaan. Miish azhigwa
aano-wiidookawag nindaanis ji-
ozhitooyaang owaabowayaanan ji-nitaa-
maawandoogwaasod. Giishpin eyaayaan
endaayaan mii eta go nibaayaan. Mii
wenji-anokiiyaan geyaabi. 👆

43 Anishinaabe-adaawewigamig

Gaa-tibaajimod **SUSAN SHINGOBE**

Gaa-tibaajimotawaajin **MICHAEL SULLIVAN SR.**

Inga-dibaajim bangii imaa gii-naaniimi'iding ko omaa, geyaabi sa go imaa ayaamagad i'iw anooj gegoo Anishinaabe adaawaageng iw *museum/trading post*. Aaniish gakina ingiw Anishinaabeg gaa-ozhitoowaajin anooj gegoo adaawaagem. Naa mewinzha ingiw imaa gaa-maajiishkaatoojig nitam iw anishinaabe-adaawewigamig indizhinikaadaan. Ogii-maajiishkaatoonaawaa gaye nitam i'iw endazhi-ozhichigaadeg iniw jiimaanan, mii ko imaa niibowa gii-anoonindwaa ingiw anishinaabe-ininiwag.

Ganabaj ko ogii-ozhitoonaawaan anishinaabe-nabagisago-jiimaanan mii imaa jiimaanan gii-ozhitoowaad. Mii sa omaa minik ezhi-gikendamaan i'iw, miinawaa indadazhindaan iw ayi'ii.

Gii-naaniimi'idiiwaad ko Anishinaabeg imaa agwajiing gii-ayaamagak i'iw adaawewigamig. Nimaamaa ko ge imaa gii-naaniimi miinawaa Imbiikwe gaa-izhinkaazod a'aw minidimooyenh maazhaa ge awashime ishwaasimidana gii-taso-biboonagizi maagizhaa zhaangasimidana. Gii-agaashiinyi ko a'aw mindimooyenh Imbiikwe gii-izhinikaazo. Gii-nitaa-niimi sa iidog gii-naaniimid onzaam ingii-minwaabamaanaan ko chi-maminobagizod ziibaaska'iganan ko gii-piizikang. Apane imaa gii-niimi'idiiwag endaso-ishkwaaj-anokii-giizhigadinig, mii ko imaa gaa-inaawanidiyaang i'iw

145

ganawaabiyaang. Gaawiin nimaaminonendanziin maazhaa gaa-tiba'amawaawindwaawen imaa ingiw gaa-maajiishkaatoojig i'iw adaawewigamig. Mii imaa gaa-onji-diba'amawindwaa.

Imaa maazhaa ingiw Anishinaabeg gaa-izhinikaanaawaagwen Wewiibish miinawaa Wewiibikwe (*Mr. and Mrs. Ayers*). Mii gaa-izhinikaazowaad ingiw Chi-mookomaanag gaa-maajiishkaatoojig i'iw geyaabi sa go imaa mii go dibishkoo gaa-adaawaagewaad ko imaa geyaabi adaawaageng. Ayi'iin tagiizh naa gegoo ogii-adaawenaawaan anooj gegoo wiisiniwin.

Indadibaajim omaa gaawiin nimaamaa gii-niimisiin iwapii gii-ni-dagoshinaang, gii-o-ganawaabiyaang niimi'iding niimi'idiiwaad. Indani-niibawimin dash imaa dago gaa-kibigaabawiwaad ongow imaa niibowa mii imaa gii-ni-niibawiyaang. Miish idi nimaamaa ekidod, "Chi-gibigaabawi wiin a'aw Chi-mookomaanish." Baamaa go imaa ezhi-gwekigaabawid a'aw inini, "Awenen a'aw Chi-mookomaan?" Chi-mookomaaning ganabaj gii-izhinaagozi a'aw anishinaabe-inini. Mii sa iidog omaa minik ezhi-gikendamaan ge-ikidoyaambaan. 🖐

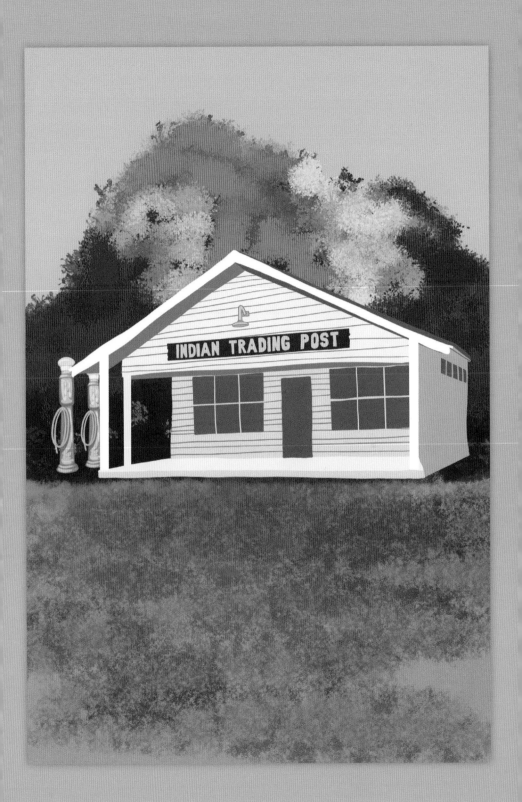

44 Gaawiin Gegoo Daa-izhichigemagasinoon "*Bear Grease*"

Gaa-tibaajimod DAVID SAM
Gaa-tibaajimotawaajin KIM ANDERSON

Mii gaa-pi-wiindamawid nookomisiban. Mii apane gaa-tazhindang gaa-tazhi-baapid igaye. Mii gii-ikidod imaa o'ow bezhig a'aw nisayenyiban. Gii-agaashiinyid giiwenh, ingoji igo gii-naano-biboonagizi, mii imaa nimishoomis gii-piinaad iniw gaa-gashkinaad iniw makwan. Gii-o-giiyosed, mii dash gii-kiishkizhamowaad iw mako-wiiyaas. Mii dash imaa onaagoshing gemaa gii-chiibaakwe aw ninookomisiban. Ginwenzh imaa gii-pi-jiibaakwaadang iw mako-wiiyaas. Mii dash imaa waa-tazhi-wiisiniwaad imaa nookomisiban miinawaa nimishoomisiban gaye imaa nisayenyiban imaa gii-maajii-wiisiniwaad gaye gii-ozhi'aad iniw zaasakokwaan. Geget naa gii-nitaawi'aad a'aw nookomis gii-izhi-zaasakokwaaniked. Mii ko gaa-izhichiged i'iw. Mii imaa dash gii-asaad imaa bimide wii-chiibaakwaanaad. Geget naa gaa-ombised.

Geget naa gii-minopogozi a'aw zaasakokwaan gaa-chiibaakwaanaad. Mii dash imaa o'ow nisayenyiban gii-aabaji'aad iniw zaasakokwaanan, mii imaa gaa-apanjiged iw gii-aabajitood iw mako-bimide. Mii geget imaa dash amwaad baatayiinonid iniw. Mii dash gii-o-ikidod nookomisiban, "Gego imaa baatayiinod amwaaken a'aw, giishpin amwad giga-aakoz imaa." Mii dash

149

gaa-ikidod i'iw, gii-wiindamawaad i'iw ninookomisiban. "Gaawiin sa naa gego daa-izhichigemagasinoon *Mbear grease.*" Mii dash gii-kawishimowaad, mii dash nibaawaad imaa gii-tibikaabaminaagwak. Mii giiwenh imaa ezhi-mamaazhi-ayaad imaa ingo-diba'igan gaa-kwaashkwanid imaa aw nisayenyiban maajiibatood giiwenh iwidi akeyaa zaaga'amoowigamigong. Gaawesh naa gii-gashki'ewizisiin ji-dagoshing iwidi imaa gii-miidizod. Mii dash gaa-tazhi-baapid apane gii-tazhindang i'iw nookomisiban. 👋

45 Cash's Adaawewigamig

Gaa-tibaajimod **SUSAN SHINGOBE**

Gaa-tibaajimotawaajin **MICHAEL SULLIVAN SR.**

 Bebangii eta go ingikendaan ge-ikidoyaan. Gaawiin go chi-niibowa indaa-gikendanziin ge-inaajimoyaan. Miinawaa iwidi bezhig gii-ozhisin adaawewigamig, mii wiin oodi gii-adaawaageng wiisiniwin akina go gegoo wiiyaas miinawaa gakina sa go eni-adaawaageng wiisiniiwigamig, wiisinii-adaawewigamigong indaa-gii-izhinikaadaan. Giwaabandaan igo geyaabi ko imaa maazhaa idi bi-bimibizoyeg. Bezhig eta go geyaabi imaa niizh iniw waakaa'iganan geyaabi imaa badakidewan, odaabaanikewigamig miinawaa nibewigamig. Mewinzha wiin gii-piigonigaade gaa-tazhi-adaawaageng wiisiniwin.

Waasa sa ko ingii-inosemin oodi gii-o-naadiyaang waa-miijiyaang gii-o-adaaweyaang. Megwekob ko idi gii-inadamon miikanens. Gaawiin aapiji awiya ogii-tibenimaasiin odaabaanan. Meta go gii-pimoseyaang apane gegoo gii-naadiyaang oodi wiisiniiwigamigong. Gegoo sa go inakamigak ingoji meta go idi ko gaa-inaawanidiyaang.

Mewinzha ge ko chi-bimiwizhiwe-odaabaan *Greyhoud Bus* mii ko idi gaa-inoseyaang chi-miikanaang nagaashkaa'angid aw, mii aw bimiwizhiwe-odaabaan oodenaang wii-izhaayaang iwidi Gibaakwa'iganing, maazhaa ge oodi Bepashkojiishkiwagaag *Aitken*, maazhaa ko mii iwidi gii-o-adaaweyaang biizikiiginan, makizinan, waabowayaanan. Aaniish-naa meta go omaa minik eko-gikendamaan iw. 👋

153

46 Gitimiyaan Gii-izhaayaan Gikinoo'amaading

Gaa-tibaajimod **WILLIAM PREMO JR.**

Gaa-tibaajimotawaajin **NICK HANSON**

Mii sa go nawaj niwii-tibaajim gaa-inaapineyaan, gii-izhaayaan gikinoo'amaagewigamigong. Mewinzha ingii-ayaamin iwidi noodining akeyaa *Emily*, Minisodaang. Ingii-niiwimin iwidi nabagisago-waakaa'igaans. Bezhig niijikiwenh gii-gikinoo'amawaa, gaawiin dash niin. Gaawiin ingii-te-daso-biboonagizisiin. Mii eta go agwajiing ingii-paa-dazhitaa megwaa biinichiged biindig nimaamaa. Onzaam ingii-wanishkwenimaa nimaamaa anokiid iwidi.

Ingoding biboong indede ingii-izhiwinig iwidi megwekobiing. Niwii-gikinoo'amaagoo akeyaa agoojigeyaan i'iw agoodwaagan. Mii sa go zhawendamaan wiiji'idiyaang iwidi gikinawaabamag ezhichiged.

Mii sa go aabiding nimaamaa ingii-kagwejimig, "Daga inaabin agoojiganan." Omisawendaan wii-chiibaakwaanaad iniw waaboozoon. Gaawiin waasa ingii-izhaasiin iwidi miikanensing, ingii-mikawaag niizh waaboozoonsan ogii-tasoonaan. Ingii-piidamawaa nimaamaa waaboozoon waa-piini'aad. Owii-chiibaakwaanaan. Naa gii-ikido, "Gidazhe-atoonan ina iniw agoojiganan?" "Niin na?" ingii-ikid. "Gigii-waabamaa na ezhichiged gidede?" gii-ikido nimaamaa. "En'," ingii-ikid. "Ahaw, izhaan iwidi gaa-mikawadwaa ingiw waaboozoog, azhe-atoon iniw agoojiganan, maagizhaa giin giga-nitaage."

155

Mii sa go gigizheb ingii-izhaa iwidi gaa-tasoonaad iniw waaboozoon, ingii-azhe-atoon gaa-atood indede. Ingii-azhegiiwe baa-inaabiyaan iwidi ingii-wii-izhaa miinawaa iwidi megwekobiing giishpin dasoonag waabooz. Ishkwaa-naawakweg, gegaa neniiwing ingii-izhaa iwidi ganawaabanjigeyaan. Mii sa go gaawiin, mii sa go mindaweyaan, gaawiin ingii-gashkitoosiin.

Mii sa go ingii-wanendaan ezhichigeyaan, baanimaa nimaamaa gii-ikido, "Waabang giga-izhaa iwidi gikinoo'amaading, waabang giga-maajitaa." "Gaawiin niwii-izhichigesiin," ingii-ikid, ingii-maw gaye. Aaniish-naa waa-izhichigeyaan iniw agoojiganan. Ingii-nandawaabandaanan miinawaa agoojiganan. Ingii-izhaa iwidi gaa-agoojigeyaan. Mii sa go geget niizh waaboozoog iwidi ingii-mikawaag gaa-agoojigeyaan. Wewiib ingii-pimibatwaanaag. Ingii-waabanda'aa nimaamaa gaa-izhichigeyaan.

Nashke naa! Mii sa omaa waa-onji-gikinoo'amaagozisiwaan. 🖐

47 Mawadishiweyaang

Gaa-tibaajimod **JOSEPH NAYQUONABE SR.**

Gaa-tibaajimotawaajin **DUSTIN BURNETTE**

Gii-agaashiinyiwaad niniijaanisag, mii a'aw Memegwesiins naa Bebiskineyaashiikwe. Mii a'aw ningozis naa nindaanis naa a'aw niwiiw. Ningii-o-mawadisaanaan a'aw niwiiw omaamaayan. Mii iwidi gegaa go iwidi Bwaanakiing gii-ayaawag, besho imaa *Sisseton, South Dakota.* Besho imaa *South Dakota* gii-ayaawag. Mii iwidi gii-o-mawadisangid a'aw niwiiw omaamaayan. Niwiiwiban, ningii-naganigonaan a'aw niwiiw.

Niwiindamawaanaan dash nindabinoojiimag, "Giwii-o-mawadisaanaan gimaamaa oshiimeyan." Mii iwidi ayaawaad i'iw aki izhinikaade. Mii gitigaan *farm* wiin go zhaaganaashiing izhinikaade. Niwiindamawaag dash, "Niizh giga-o-mawadishiwemin. Bezhig a'aw gimaamaayiwaa oshiimeyan naa ge iniw omiseyan, mii dash iniw omiseyan kawe giga-izhaamin. Bakaan wiinawaa ingiw akiing imaa gitigaaning izhichigewag, doodooshaaboo wiinawaa ingiw odoozhitoonaawaan. Niibowa imaa bizhikiwag giga-waabamaag."

Ningii-wiindamawaag dash igo bangii a'aw bezhig akiwenzii aabiding gaa-noondawag gii-kaagiigidod. Gii-wiindamaage mewinzha ko ingiw Anishinaabeg naa ge ingiw awesiinyag gii-kaganoonidiwag ko ingiw mewinzha. Akina go ingiw, makwa, ma'iingan. Mii go, naa ge ingiw bemisemagakin, a'aw migizi naa ge a'aw aandeg mii go ingiw akina gaa-izhi-gaganoonaawaad iniw Anishinaaben. Naa ge a'aw giigoonh. Naa ge weweni

157

imaa gii-ayaawag omaa akiing. Gii-shawenindiwag. Naa ge gii-
wiidookodaadiwag. Niibowa go izhichigewag weweni imaa mino-
bimaadiziwaad. Namanj iidog, gegoo imaa gii-izhiwebad mii dash
a'aw manidoo gaa-izhi-nishkaadizid. Gaawiin nigikendanziin gaa-
onji-nishkaadizid, gaawiin ningii-kagwejimaasiin a'aw akiwenzii,
aaniish a'aw manidoo gaa-onji-nishkaadizid i'iwapii.

Mii imaa gii-wiindamawaad, "Mii gaawiin geyaabi giga-
gaganoonidisiim. Mii ge a'aw Anishinaabe mii go giinawaa ji-
amogooyeg." Miish, mii go gakina ingiw, mii ge ingiw, makwa mii go
gakina ingiw gaa-izhi-wiindamawaad naa ge ingiw bemisemagakin,
mii ingiw migizi ingiw, naa ge giigoonh. Ogii-wiindamawaan, "Mii
eta go gwayak izhichiged a'aw Anishinaabe ji-bimaadizid. "Mii imaa
giinawaa ji-amogooyeg."

Gii-ikido dash maawanji'idiwaad, gii-ikido, ogii-kagwejimaan,
"Awenesh waa-pagidinang i'iw obimaadiziwin ji-wiidookawaad
iniw Anishinaaben?" Mii dash a'aw waawaashkeshi gaa-izhi-ikidod,
"Niin. Niin ninga-mamigoo. Niwiidookawaa a'aw Anishinaabe sa ji-
bimaadizid." Aanind go ingiw gii-pi-izhaawag ogii-nakwetawaawaan
iniw manidoon. Naa ge wiin a'aw giigoonh, mii ge wiin gii-ikidod,
"Mii iw ge niin ji-miigiweyaan i'iw nimbimaadiziwin ji-wiidookawag
wa'aw Anishinaabe wenji-bimaadizid." Naa ge wiin a'aw zhiishiibag
ge wiinawaa gii-ikidowag, mii iw ge wiinawaa, "Ge niin, ji-
bagidinamaan i'iw nimbimaadiziwin ji-wiidookawagwaa ongow
Anishinaabeg ji-bimaadiziwaad."

Miish a'aw manidoo gaa-izhi-gagwejimaad, "Mii ji-izhichigeyeg
i'iw, miigiweyeg i'iw bimaadiziwin. Gegoo na gigagwejimaawaa
a'aw Anishinaabe gegoo izhichiged ji-mamigooyeg, ji-mamoowaad
i'iw bimaadiziwin?" Gii-ikidowag, "Mii eta go waa-gagwejimag a'aw
Anishinaabe weweni nisigooyaan weweni ganawenimishin. Naa
ge eta go mamoon eta go wii-ayaaman, ge-aabajitooyan, mii eta
go minik mamoon. Gego wiin onzaam niibowa mamooken. Mii

eta go minik ge-aabajitooyan mamoon." Mii iw ayinaad, mii igo ikidowaad.

Mii dash a'aw Anishinaabe ge wiin gii-ikidod, "Mii iw geget, mii eta go weweni giga-ganawenimin, gimiigwechiwi'ininim sa naa ge ezhichigeyeg o'ow noongom, gichi-izhichigem o'ow noongom, izhichigeyeg sa omaa ji-bimaadiziyaan."

Nake dash imaa gii-tazhimaad iniw waawaashkeshiwan, niibowa imaa wiiyaas ayaamagad a'aw waawaashkeshi, naa ge i'iw bashkwegin aabajichigaadeg sa makizinan ji-ozhitoowaad naa ge iniw biizikiiginan. Mii iw gii-aabajitood niibowa go a'aw waawaashkeshi odayaan ayaabajitood a'aw Anishinaabe.

Nake dash iwidi izhaayang o-mawadishiweyang giga-waabamaanaan a'aw bizhiki. Mii ge wiin dibishkoo a'aw bizhiki a'aw wayaabishkiiwed ayaabaji'aad. Niibowa imaa wiiyaas ayaamagad. Naa ge iw bashkwegin niibowa aabajichigaade i'iw. Nake mii iw dagoshinang ji-waabandamang ongow, ge wiinawaa ayaabajitoowaad. Nake a'aw bizhiki niibowa go omaa ge wiin odayaan ge-aabajitooyang mii ge i'iw doodooshaaboo naa ge niibowa wiiyaas ayaamagad.

Nake gii-kwiiwizensiwiyaan ningii-anokii imaa akiing, mii iw gitigaaning. Ningii-agaashiinh. Ashi-niswi, mii imaa gii-anokiiyaan. Mii dash imaa a'aw inini, mii imaa gii-gikendamawid sa ji-odaabii'iweyaan. Mii eta go aabiding gii-gikinaa'amawid iniw odaabaanan ji-odaabii'ag. Niwiindamaag, "Mii iw jibwaa-maajitaayan, gidaa-dangishkaan o'ow dakokaajigan. Miish imaa ji-maajiibizoyan." Miish imaa gii-wiindamawid imaa gwayak ji-atooyaan iniw ji-maajiibizoyaan naa ge i'iw nagaashkaachigan ji-nagaashkaayaan. Naa ge i'iw ji-dazhishkamaan i'iw bezhig ji-maajiibizoyaan. Niwiindamaag dash, "Boozin." Miish imaa gii-waabanda'id gwayak izhichigeyaan sa ji-odaabii'iweyaan. Mii eta go aabiding gii-gikinaa'amawid, mii dash gaa-izhi-gikendamaan

ji-odaabii'iweyaan. Mii dash imaa, mii eta go imaa akiing,
gitigaaning eta go ji-odaabii'iweyaan. Mii dash imaa, gaawiin wiin
igo miikanaang ningii-odaabii'iwesiin, mii eta go imaa akiing,
gitigaaning, eta go imaa gii-odaabii'iweyaan. Naa ge ningii-
gikinaa'amaag i'iw ji-odaabii'iwag a'aw gitigewidaabaan. Mii ge iw
gii-gikinaa'amawid ji-aabaji'ag. Aabiding dash imaa, niizh imaa
ganawenimindwaa ingiw bizhikiwag.

Miish imaa gii-waabamagwaa, mewinzha o'ow, mii imaa
gii-waabamagwaa i'iw debibidoowaad i'iw doodooshaaboo.
Niwaabamaa a'aw ikwe naa a'aw inini mii gii-tebibinaawaad
iniw bizhikiwan imaa odoodooshiman. Wiikobinaawaad miish
igo bangising i'iw, imaa akikong i'iw doodooshaaboo. Ningii-
kagwejimigoog dash, "Giwii-kojichige na?" "Ahaaw," ningii-ikid.
Gii-sanagad i'iw. Gegaa go ningii-pwaanawitoon. Gegapii dash
igo ningii-gikendaan, ningii-maajii-gikendaan. Mii go imaa gii-
wiidookawagwaa.

Aabiding imaa ningii-wiindamaagoog, "Baakiiginan i'iw
gidoon." Mii imaa dash gii-atoowaad i'iw doodooshaaboo.
Gaawiin igo ningii-minwendanziin i'iw. Gegaa go ningii-sikidoon.
Noongom dash iwidi mawadishiweyaang bakaan izhichigewag.
Mii ingiw bizhikiwag biindiganindwaa imaa waakaa'iganing.
Mii dash imaa atawindwaa i'iw omaa odoodooshimaang i'iw
makak gegaa go izhinaagwad. Mii go gakina ingiw bizhikiwag
izhichigewaad. Mii dash imaa i'iw atoowaad i'iw, mii go azhigwa
maajaamagak i'iw doodooshaaboo. Bakaan iwidi izhaamagad. Mii
dash bimaawadaasoowidaabaan bi-naadid i'iw doodooshaaboo
maajiidood.

Mii go bi-mamoowaad i'iw doodooshaaboo. Miish imaa
bimoseyaan ningii-waabamaanaan a'aw gookoosh. Mii ge imaa gii-
wiindamawagwaa ingiw niniijaanisag, "Nake ge wiin a'aw gookoosh

niibowa ge wiin odayaan i'iw wiiyaas, gookooshi-wiiyaas, naa ge
i'iw bimide, naa ge, ge wiin i'iw bashkwegin ge-aabajitoowaad a'aw
gookoosh ge wiin. Niibowa ongow a'aw bizhiki naa a'aw gookoosh
niibowa odayaanaawaan i'iw wiiyaas naa ge i'iw wii-aabajitooyang,
niibowa odayaanaawaan."

Naa ge imaa bimoseyaang ge imaa ningii-waabamaanaan
a'aw baaka'aakwenh. Mii ge wiin a'aw ningii-wiindamawaag
niibowa ge wiin odayaan ge-aabajitooyang. "Mii iniw waawanoon
wenjikaamagak. Naa a'aw ge wiin i'iw wiiyaas odayaanaawaan
a'aw baaka'aakwenh. Nake ko ayaangodinong a'aw gimaamaa
odoozhitoon manoomin naa i'iw baaka'aakwenh-naboob. Mii
niin i'iw menwendamaan. Naa ingiw napodinag. Nake niibowa
omaa odayaanaawaan ongow eyaajig ayaabajitoowaad sa weweni
ashamigooyang noongom sa bwaanawitooyang ayaangodinong
ji-giiwoseyang naa ge ji-wewebanaabiiyang. Mii go imaa izhaayang
adaawewigamigong sa waa-adaaweyang ge-aabajitooyang
weweni. Noongom wenipanad. Nake wiin mewinzha ongow
gidanishinaabeminaanig gii-paa-giiwosewaad wewebanaabiiwaad."

Mii omaa giizhiikamaang gii-ishkwaa-mawadishiweyaang
ningii-ashamigoomin. Niibowa imaa ningii-wiisinimin naa
ge mawadishiweyaang ajinens, mawadisangidwaa sa ingiw
nindinawemaaganinaanig.

Miish iwidi gii-azhegiiweyaang miinawaa iwidi niwiiwiban
omaamaayan mii iwidi miinawaa. Miish miinawaa imaa waabang
mii dash iniw osayenyan gii-o-mawadisangid. Bakaan wiin gii-
izhichige wiin a'aw i'iw odakiim. Mii wiin iniw, ogii-ozhitoonan
i'iw mandaamin naa naa ge iw bakwezhiganashk. Mii wiin
i'iw niibowa, gii-michaamagad wiin i'iw akiing ayaang i'iw
mandaamin naa ge i'iw bakwezhiganashk. Niwiindamawaag dash
ingiw nindabinoojiimag, "Mii i'iw miinawaa maajiyang, mii i'iw

mandaamin naa ge i'iw bakwezhiganashk, mii ge imaa ozhitoowaad
i'iw bakwezhigan. Niibowa ge wiinawaa omaa chi-anokiiwag.
Mewinzha ko gii-maajitaawag bi-mooka'ang a'aw giizis. Aanind
wiin odinaawaan chi-oshkaabewisan. Mii ko imaa wapii waa-
maajitaawaad, maajii-anokiiwaad ingiw gidinawemaaganiwaag.
Mii go imaa bangishing a'aw giizis, mii imaa gii-ishkwaataawaad,
gii-ishkwaa-anokiiwaad. Gaawiin noongom ishkwaataasiiwag imaa
bangishing a'aw giizis, mii go geyaabi gii-chi-anokiiwaad. Mii iniw
chi-waazakonenjiganan imaa aabajitoowaad iniw bemibizowaad.
Mii iw geyaabi chi-anokiiwaad."

Aabiding imaa niimi'idiiwaad ingiw Bwaanag, niiyogon
Aabita-niibino-giizis imaa gii-niimi'idiiwaad ingiw Bwaanag
ningii-izhaamin iwidi. Mii iw gegaa go aabita-dibikak, gaawiin
mashi gii-kiizhiitaasiiwag, miish wiin igo wii-ni-maajaayaang
geyaabi niimi'idiwag. Niinawind mii azhigwa ayekoziyaang. Ningii-
inendaamin sa ji-ni-maajaayaang. Miish imaa bimibizoyaang
ningii-kagwejimig a'aw niwiiwiban, dash o-waabamaad miinawaa
osayenyan, "Gaawiin ina nibaasiiwag?" Ningii-inaa. Ningii-ikid ow,
"Gaawiin. Mii iw geyaabi anokiiwaad." Miish gii-waabandamaan
iniw chi-waazakonenjiganan imaa bimibizowaad. Mii dash imaa
azhigwa wii-ishkwaataad. Mii azhigwa ge wiin ganabaj ayekozid.
Geget igo chi-anokiiwag ongow ezhichigewaad. Mii dash ingiw
niniijaanisag wii-waabanda'agwaa sa izhichigewaad ongow
odinawemaaganiwaan. Naa ge wenjikaamagak i'iw maajiyang.
Niibowa izhichigewag ingiw. Ogii-minwendaanaawaan sa
waabandamowaad izhichigewaad.

Mii iniw niwiiwiban osayenyan mii azhigwa ganawendang i'iw
waakaa'igan ko a'aw niwiiw gii-ayaad gii-agaashiinyid. Miish omaa
izhi-minwendang ge wiin o-mawadisaad iniw odinawemaaganan.
Ominwendaanaawaan ge waabamigooyaang sa mawadishiweyaang.
Niibowa nindayaamin gii-ikidoyaang. Niibowa ko indizhichigemin

naa ge, ji-wiisiniyaang niibowa. Onzaam niibowa aaningodinong i'iw wiisiniwin ayaamagad. Mii go noongom gakina waa-tazhindamaan a'aw bizhiki-wiiyaas naa ge a'aw mandaamin naa ge ingiw opiniig. Gakina go ingiw waa-miijiyaang. Bakwezhigan, mii dash a'aw giizhiitaayaan. Mii go imaa gii-azhegiiweyaang sa iwidi Misi-zaaga'iganing gaa-pi-bazigwiiyaang. 👋

48 Gaa-onzaami-gii'igoshimod Bezhig Inini

Gaa-tibaajimod **RALPH PEWAUSH**

Gaa-tibaajimotawaajin **CHATO GONZALEZ**

Mii ko mewinzha o'ow mashkiki ko gii-ayaamowaad Anishinaabeg yo'ow wegodogwen igo mashkiki waa-ayaamowaad da-wiidookaagowaad ongog Anishinaabeg mewinzha. Gebwaa-mamoowaad yo'ow mashkiki, booch imaa asemaan da-asaad iwidi akeyaa bi-waabang. Mii imaa akeyaa asad a'aw asemaa bangii gii-kaagiigidoyan o'ow bangii gii-kaagiigido da-wiidookaagod awegwen a'aw waa-aabajitood mashkiki. Mii akeyaa gaa-izhichigewaad Anishinaabeg mewinzha.

Nimaamaayiban ko gaye ingii-pizindawaa ko gaye naa indedeyiban gaye ingii-pizindawaa. Naa aaningodinong ko gaye gii-nagamowag ongog Anishinaabeg gaa-gikendangig o'ow, o'ow sa akeyaa mamoowaad o'ow mashkiki. O-nagamowaad nagamowaad o'ow nagamowin o'ow mamoowaad o'ow sa mashkiki.

Yo'ow mewinzha gii-pi-wiindamawiwaad ongow ingitiziimag, a'aw bezhig Anishinaabe mii imaa gaa-izhi-gawishimod o'ow wii-mamood o'ow mashkiki, yo'ow dash aaningodinong ko gonezh imaa gii-shingishinoog omaa imaa wii-mamood o'ow mashkiki. Aaningodinong iko, maagizhaa gaye naanogon maagizhaa gaye midaasogon imaa gii-kawishimod a'aw waa-mamood o'ow mashkiki. Mii gaa-inigod inin nanaandawi'iwewininiwan o'ow akeyaa da-izhichiged o'ow da-gawishimod o'ow omaa wii-mamood o'ow mashkiki.

Namanj iw minik gaa-shingishinogwen imaa a'aw bezhig inini. Mii dash gaa-izhi-inigod inin nanaandawi'iwewininiwan, "Mii iw minik. Mii giizhiitaayan ow da-wiidookaagoyan o'ow mashkiki." Mii dash gaawiin gii-pizindanziin wa'aw inini bezhig. Nawaj igo wii-shingishin omaa, sa go nawaj igo da-ni-mashkawaadadinig o'ow ezhichiged. Mii gaawiin gii-pizindanziin aana-wiindamawind o'ow, "Mii giizhiitaayan o'ow. Mii izhi-onishkaan. Mii giizhiitaayan o'ow gaa-inigoyan da-ayizhichigeyan." Mii dash gaawiin gii-pizindanziin.

Namanj imaa minik gaa-shingishinogwen. Yo'ow giizhiitaad. Mii izhi-aangwaamas gaa-izhi-bakwazomind yo'ow da-onishkaad, mii giizhiitaad. Aaniish-naa wii-mashkawizii wii-mashkawaadizi o'ow akeyaa wii-wiidookawaad inin Anishinaaben gaa-aakwaakozinijin. Miish gaa-izhi-bakwazomind wiin minik o'ow, mii ow mashkawaadizid da-wiidookawadwaa ongog Anishinaabeg. Gaawiin dash ogii-gikendanziin yo'ow wii-gichi-mashkawaadizid. "Mii iw minik," ogii-inaan. "Mii akina ongog manidoog zhawenimikwaag."

Mii geyaabi bezhig eta go gii-inaa, "Mii a'aw inin aniibiishan egoodemagak, mii imaa inin manidoo debendangin iniw aniibiishan." Mii inin gaa-zhawenimigojin. Onzaam-sh gii-mashkawaadizi. Gaawiin gii-pizindanziin. Miish azhigwa ani-dagwaaging, ani-dagwaaging azhigwa mii gaa-aditemagak inin aniibiishan. Mii sa azhigwa gaa-ni-izhi-aakozid. Aakozi. Aaniish-naa gaawiin gii-pizindanziin o'ow da-ishkwaataad ow giizhiitaad o'ow wii-nanaandawi'iwed. Miish inin aniibiishan a'aw manidoo debendangin. Mii azhigwa gaa-ni-izhi-aditemagak ani-dagwaaging. Mii wayiiba da-bangising.

Mii dash wa'aw inini gaa-ni-apiitaanig yo'ow bimaadiziwin. Mii inin aniibiishan ishkwaaj gaa-shawenimigod. Mii dash azhigwa akina gii-ni-bangisinini inin aniibiishan dagwaaging, mii gaa-ni-apiichined a'aw Anishinaabe. Mii akina gii-pangisinini inin aniibiishan, mii gaye winn igo gaa-ni-izhi-ishkwaa-bimaadizid. Mii inin gaashawenimigojin inin aniibiishan ji-wii-ni-wiijiiwigod ji-ni-wiijiiwaad inin aniibiishan a'aw manidoo debendang inin aniibiishan.

Ingii-pizindawaa ko a'aw akiwenzii o'ow gaa-anokiitawag Obizaanigiizhig gaa-izhinikaazod gii-wiindamawid akina gegoo. Geget gii-gikendaaso a'aw akiwenzii gaa-anokiitawag a'aw nizinis. Gii-gikendaaso aw gii-shawenimigod inin manidoon o'ow da-ni-nanaandawi'aad inin Anishinaaben ge-onji-mino-ayaawaad. Akina ingoji gii-onjibaawag ongow Anishinaabeg gaa-pi-waabamigojin. Iwidi ge Neyaashiing iwidi Misi-zaaga'igan, mii iwidi niibowa gaa-onjibaawaad. Akina ingoji gii-onjibaawag. Waasa gaye iwidi zhaawanong gii-onjibaawag ingig Anishinaabeg gaa-pi-waabamigojin wii-pimaadiziwaad. Aaniish-naa igo akiwenzii gii-mashkawaadizi, mii inow obaabaayan. Miish igo ge niin imaa gaa-ni-onji-gikendamaan gaye niin ow mashkiki noongom ba-gikendamaan ayaabajitoowaan sa go apaapii giishpin awiya wii-ayaang mashkiki.

Mii inow mashkiki ow biindaakoojigeyan wii-mamooyan da-aabajitood awiya. Mii go o'ow da-bimaadizid o'ow sa weweni izhichiged gegoo awiya. Aaningodinong akawe igo ingii-waabandaan naa geget manidoog gigikenimigoog ezhichigeyan. Gidizhi-wiidookaagoog o'ow mamooyan mashkiki gaa-gikendaman wa'aw akiwenziiyiban gaa-gikendang sa da-gikendaman.

Onizhishin o'ow, booch weweni da-anokiikaadaman o'ow mashkiki ge-onji-mino-ayaad a'aw Anishinaabe niigaan da-ni-bimaadizid. Geget baataniinadoon onon mashkiki ge-ondinamamban mitigong naa gaye megwekob sa go ayaamagak o'ow mashkiki ge-onji-bimaadizid a'aw Anishinaabe. Geget onizhishin o'ow gekendaman o'ow wii-gikendaman o'ow mashkiki ayaabadak apane, da-ni-wiidookawadwaa gaye i'iw ongow sa Anishinaabeg ge-onji-mino-ayaawaad. Mii go gaye giin igo onizhishin o'ow ezhichigeyan o'ow wii-gikendaman o'ow, ow sa mashkiki. Geget giga-wiidookawaag ingig Anishinaabeg o'ow ge-gikendamowaad. Mii iw! 👋

49 Weyeshkad Gaa-anokiiyaan

Gaa-tibaajimod **WILLIAM PREMO JR.**

Gaa-tibaajimotawaajin **NICK HANSON**

Akawe omaa bangii ninga-tibaajim gaa-inaapineyaan mewinzha iwidi ingii-ayaamin agaami-ziibi iwidi *Cozy Corners* akeyaa. Ingii-ayaamin iwidi gaawiin ginwenzh, indedeyiban gii-anokii iwidi daashkiboojiganing ingiw nabagisagoog, gaawiin mashi ingii-gikinoo'amaagozisiin. Mii eta go iwidi bi-azhe-anokii indede ingii-paa-dazhitaa bimaandaweyaan iwidi, mii sa go gegoo iwidi migitoog gaa-padakademagak. Mii sa go aabiding sa anama'e-giizhigak baa-dazhitaayaan imaa agwajiing ingii-piibaagimig indede, "Omaa bi-izhaan!" gii-ikido. "Niwii-izhaamin anokiiyaan iwidi giishka'aakweyaan." Ishkwaa-naawakweg ingii-piizikaanan nimakizinan naa gaye mashkimod niwii-piinaan iwidi naawapwaan. Giimooj ingii-piidoon iw waagwaakwadoons niwii-aabajitoon iwidi wii-anokiiyaan. Baanimaa sa go bezhig inini gii-pi-izhaa ogii-ayaan iw odoodaabaan. Mii sa go ingii-piinjigwaashkwaan iwidi ishkweyaang odoodaabaan naa ge ingii-piidoon nimashkimod.

Waasaa iwidi ingii-izhaamin iwidi megwekobiing da-anokiiwaad. Baanimaa sa go dibikadinig ingii-tagoshinimin iwidi waakaa'igaansing. Mii sa go biindigeyaan iwidi niizhiwag gaye Anishinaabeg gii-ayabiwag iwidi adoopowining minikwewaad aniibiish. Mii eta go bezhig waasechigan gii-atemagad naa gaye gii-agaasaamagad gizhaabikizigan naa gaye niiwin nibaaganan.

173

Mii iwidi bezhig indede gii-ayabi, "Mii omaa giga-nibaa," gii-ikido. Mii sa go iwidi ingii-aabajitoon i'iw nimashkimod apikweshimon naa gaye atemagad iwidi bezhig waabowayaan. Ezhi-waabamagwaa ingiw Anishinaabeg baa-dazhi-gaagiigidowaad gaawiin niibowa ingii-nisidotanziin ekidowaad, baanimaa sa go dibikak ingii-giikiibingwash miinawaa bezhig inini gii-maajii-jiibaakwed. "Gego nibaaken, giga-wiisin akawe." Mii sa go gaawiin ingii-nibaasiin. Baanimaa ingii-pizindawaa awiya gii-shaaganaashiimod, niizhiwag ingii-waabamaag Chi-mookomaanag gii-niibawiwag, ganabaj ingii-mawadisigoomin giizhi-namadabiwag ingoji bezhig imaa iwidi bezhig gii-ayabid imaa nibaaganing miinawaa bezhig gii-inabid apabiwinens. Gaawiin ginwenzh ingii-mawadisigoosiimin, bezhig inini gii-piidood i'iw omooday ezhi-baakaakwa'ang, gii-minikwe bangii. Gakina ininiwag, gii-minikwewag bangii. Apane gaagiigidowag, baapiwag bangii. Nawaj minikwewag, nawaj baapiwag, nawaj gaagiigidowag. Naaningodinong bezhig inini ogii-aabajitoon i'iw madoodookewinini-gaagiigidowin, naa gaye Anishinaabe ogii-pizindawaan, "Enh' enh'," ezhi-ikidowaad. Ginwenzh gii-pizindawagwaa gaagiigidowaad gegaa aabita-dibikak. Baanimaa sa go bezhig Anishinaabe gii-nagamod. Awegodogwen gii-aabajitoowaad baaga'akokwaan, bezhig ogii-aabajitoon onaagaans naa gaye bezhig mookomaanens, awegodogwen gaa-aabajitoowaad. Nawaj ogii-minikwen i'iw chi-omooday. Baanimaa sa go ingiw Chi-mookomaanag gii-maajii-nagamowaad gaye Anishinaabe nagamod. Mii sa go i'iw ingii-nibaa.

Baanimaa chi-gigizheb ingii-koshkoz, ingii-waabamaa bezhig inini gii-chiibaakwe opiniig naa ge zhiiwitaagani-gookoosh ogii-chiibaakwaanaan. Baanimaa indede niwii-goshkoz, "Babiichiin!" gii-ikido. "Akawe inga-bi-wiisinimin niwii-maajii-anokiimin." Akawe iwidi ingii-kiiziibiigiingwe ingii-pabiichii nimakizinan baanimaa sa go gakina gii-onishkaawag. Mii sa go maajii-wiisiniyaan ingii-

miinigoo opiiniig naa gaye zhiiwitaagani-gookoosh. Nimbakade gaye
waabamagwaa ingiw anokiiwininiwag maajii-wiisiniwaad bangii
aniibiish ingii-miinigoo. I'iw gookoosh ingii-minopidaan. Gaawiin
ingiw opiniig ingii-shawenimaasiig. Onzaam niibowa gaa-wiisagang
gii-aabajitoowaad. Mii sa go iw ingii-izhaamin iwidi agwajiing
ingii-piidoon i'iw mashkimod mii go iniw gii-nandobijigewag iwidi
waagaakwadoon naa gaye daashkiboojiganan ogii-dakonaanan.
Mii iwidi gii-maajii-anokiiwag naa gaye niin ingii-piidoon
mashkimodens. Baanimaa sa go bezhig Chi-mookomaan gii-
piidaasamosed. Giimooj indede gii-ikido, "Mii wa'aw chi-ogimaa."
Bezhig Anishinaabe gii-kaagiigidod ogii-kanoonaan izhinoo'iged
megwekobiing. Baanimaa ogii-waabamigoon, "Aaniish wa'aw waa-
izhichiged noongom?" gii-ikido. "Giwii-anokii na?" ingii-kagwejimig.

"Eya'," ingii-ikid, "Yes," ingii-ikid. Izhi-maajii-baapid, "Gaawiin
giin gidaa-izhaasiin iwidi megwekobiing, giga-dasoonigoo
iwidi onzaam gibabiiwizhiinh, gaawiin giga-waabamigoosiin
iwidi." Imbaakaakonaan i'iw mashkimod ninawadinaan i'iw
bikwaakwadoons. "Niwii-anokii," ingii-ikid ezhi-minjiminamaan
i'iw bikwaakwadoons. Mii sa go, "Gaawiin," gii-ikido. Indede
ingii-kagwejimig, da-nazhikewabiyaan imaa waakaa'igaansing.
"Naaningodinong bagidinisen imaa gizhaabikizigan, mii dash
giin giga-anokii omaa." Gabe-giizhig sa go ingii-kanawabandaan
gizhaabikizigan, naa gaye ingii-piidoon misan wii-aabajitoowaad
jiibaakwewaad. Baanimaa gii-piidaasamosewaad, ingii-
kanawaabamig wa'aw chi-ogimaa. Mii sa go omaa wii-
wiidookaageyaan niwii-tiba'amaagoo. Mii sa go ingii-miinig bezhig
zhooniyaansan. Mii i'iw gii-anokiiyaan. 🍂

50 Gii-niiwanishing Ikwezens

Gaa-tibaajimod **FRANCES DAVIS**

Gaa-tibaajimotawaajin

MELISSA BOYD & SAMANTHA PEET

Gii-agaashiinyiyaan ko gaa-izhi-wiindamawangidwaa
ingitiziiminaanig wii-naajiwaneyaang iniw mitigoonsan,
aaniish-naa idi mitigoonsan aabajitoowaad wii-chiibaakwewaad
o'ow ganabaj wii-ayaa wii-wiidookawangidwaa inow mitigoonsan
da-maadakonewaad idi ayi'iing ishkweyaang ko endaayaang gaa-izhi-
maajiidooyaang iniw agwazhewinan. Miish ko gaa-izhi-maajaayaang
ishkweyaang endaayaang wii-naajiwaneyaang.

Wewiib ko gaa-izhi-mamooyaang inow mitigoonsan,
dakobidooyaang iw naajiwaneyaang. Azhigwa gii-ishkwaa-
naajiwaneyaang miish imaa baa-zhaashaawabaagiiyaang iwidi
azaadiins, azaadiinsag. Miish aw bezhig aw ikwezens gaa-izhi-
bookobinaad ini mitigoonsan gii-ni-bangishin, gaa-izhi-niiwanishing.
Miish gaa-izhi-zegiziyaang wewiib gaa-izhi-gaagiiweyaang.
Gaa-ishkwaa-niiwanishing, mii gaa-izhi-gaagiiweyaang gii-
segiziyaang. Gaawiin-sh wiikaa ingii-wiindamawaasiwaanaanig
ningitiziiminaanig.

Miish miinawaa ayi'iing anooj igo gii-izhiwebizi a'aw ikwezens
gaa-niiwanishing. Aabiding ge gii-shaashooshkwajiweyaang,
miish iw chi-ogidaakii ko ingii-izhaamin miish go gaawiin wiikaa
awiya ingiw odaabaanensag ingii-ayaawaasiwaanaanig. Miish

177

iko iniw mazina'igani-makakoons gaa-izhi-aabajitooyaang
gii-shooshkwajiweyaang. Miish aya'aa ikwezens bezhig
zhooshkwajiweyaang, miish imaa gibishkawid gaa-izhi-apagizikawid.
Aaniish-naa gaawiin wiikaa miinawaa gegoo gii-izhichigesiin.
Ganabaj iw minik gekendamaan. 🖐

51 Ge-onji-mino-ayaad Niigaan A'aw Anishinaabe

Gaa-tibaajimod **RALPH PEWAUSH**

Gaa-tibaajimotawaajin **CHATO GONZALEZ**

Akina gegoo omaa manidoog Wenabozho gaa-achigewaad
o'ow ge-ni-miijid a'aw Anishinaabe niigaan ge-onji-mino-
ayaad, ke go giigoonyag gaye gii-miinindwaa da-amwaawaad. Mii
geyaabi go noongom igo ge-ni-inanjigewaad ongog Anishinaabeg
gaa-miinindwaa inin ge-onji-mino-ayaawaad, giigoonyan, ke gaye
go onon zhaangweshiwan naa-sh gaye a'aw nigig. Gaawiin gii-
inendaagozisiiwag da-ni-amwaawaad inin. Onzaam mii eta go
wiiyaas gaa-miijiwaad gegoo o'ow gaa-inanjigewaad ongog. Gaawiin
gii-inendaagozisiiwag Anishinaabeg da-amwaawaad mii inin.

Ogii-gikendaanaawaa akina gegoo ongog Anishinaabeg
ge-ni-inanjigewaad ongog ge-onji-mino-ayaawaad inin
odabinoojiinyimiwaan akina gegoo, giigoonyan, naa-sh gaye
inin. Mii go ani-wanenimagwaag aanind ezhinikaazowaad ongog
wazhashkwag, esibanag, bemibatoojig imaa megwayaak, ajidamoon.
Gaawiin wiin iniw ogii-amwaasiwaawaan inin zhaangweshiwan
naa-sh aya'aa nigig, onzaam o'ow wiiyaas eta go wiinawaa ogii-
miijinaawaa o'ow bemibatoojig o'ow imaa megwayaak. Gaawiin
gii-inanjigesiiwag ongow Anishinaabeg.

Akina gegoo ogii-gikendaanaawaan ongog Anishinaabeg
ogikenimaawaan miijiwaad ge-minokaagowaad sa go o'ow ge-
onji-mino-ayaawaad sa go gii-miinindwaa onon ge-ni-inanjiged
a'aw Anishinaabe niigaan. Nawaj ow gii-onizhishin apiish

noongom wayaabishkiiwed noongom enanjiged. Gaawiin akeyaa
onizhishinzinoon aapiji. Naa eta go bemibatoojig imaa megwayaak
eta go waawaashkeshiwag anooj igo gaye gaa-kashkitoowaad
ongow Anishinaabeg gaa-inanjigewaad gaa-izhi-miinindwaa ge-ni-
inanjigewaad.

Akina gegoo omaa gaa-miijiwaad o'ow gii-onizhishin o'ow ge-onji-
mino-ayaad niigaan a'aw Anishinaabe. Akina gegoo gii-ayaamagad
waawaashkeshiwan, moozoon, makwan gaye aaningodinong go gii-
inanjigewan, esibanag. Akina gaa-ni-inanjiged noongom Anishinaabe
gaa-onji-minokaagod o'ow gii-inenimigowaad inin manidoon akeyaa
ge-ni-inanjigewaad o'ow sa gaa-onji-mino-ayaawaad da-mino-ayaanig
o'ow, o'ow sa gaa-inanjigewaad.

Akina gegoo gii-atemagad imaa. Ke ge iniw miinan, esibanag,
akina gegoo gaa-onizhishing imaa gii-pagidinamawaad ongog
manidoog o'ow ge-ni-inanjiged niigaan a'aw Anishinaabe ge-onji-
mino-ayaad. Baataniinad ke ge onon, ani-wawaanendamaan aanind
ezhinikaadeg anishinaabewinikaadeg inin. Mii sa ge-ni-inanjiged
Anishinaabe niigaan. Akina gegoo omaa gii-achigaademagad a'aw
Anishinaabe ge-ni-maamiijid ge-ni-inanjiged iniw odabinoojiinyiman
ge onaabeman naa gaye inin akina sa go naa odinawemaaganan.

Nawaj igo gii-onzhishin akeyaa gii-inanjiged a'aw Anishinaabe
sa da-ni-mino-ayaanig o'ow owiiyaw. Akina gegoo. Ogii-
minwendaanaawaa ongog manidoog akeyaa gaa-ni-inanjiged wa'aw
Anishinaabe niigaan. Aaningodinong gaye wawiiyazh gii-ikidowag
ongog chi-aya'aag. Miish igo gaye niin wawaanendamaan aanind
ezhinikaadeg, booch sa wiin igo gikendamaan, waawaashkeshiwag
gaye.

Aaningodinong ongog ikwewag iko, gaawiin gii-inanjigesiiwag
ow akeyaa gaa-inanjiged a'aw Anishinaabe sa go o'ow gii-manaajitood
o'ow wiiyaas. Aaningodinong iko gegoo iko gii-izhiwebiziwaad ongog
Anishinaabeg i'iw wanitaasowaad gaye. Ogii-manaajitoonaawaa

iko onon gaa-inanjiged wa'aw Anishinaabe asemaakaadamowaad
gegoo, o'ow sa miinawaa oshki-miijiwaad gegoo gashkitoowaad o'ow
ge-ni-inanjiged a'aw Anishinaabe sa wanitaasod gegoo. Gaawiin
igo odaa-izhi-miijisiin o'ow wiiyaas sa go o'ow sa gaa-izhiwebizinid
odinawemaaganan apiitendamowaad o'ow akeyaa gaa-izhichigewaad
Anishinaabeg mewinzha manaajitoowaad gegoo. Mii iw akeyaa gaa-
izhi-bagidinigooyang akeyaa ge-ni-inanjigeyang.

Ke ge inin waashkobang ayi'ii akina gegoo ogii-manaajitoonaawaa
miinan gaye bagesaanag. Booch igo gii-asemaakaadamowaad gebwaa-
daangandamowaad gegoo sa menaadak i'iw wanitaasowaad gegoo.
Chi-apiitendaagwad o'ow. Booch da-zhakamoonindwaag igo gegoo
sa omanaajitoonaawaa, mii dash miinawaa ge-ni-izhi-miijiwaad iniw
ishkwaa-zhakamoonindwaag o'ow, o'ow sa wiiyaas menaadak. Akina
gegoo Anishinaabeg ogii-gikendaanaawaa gegoo ge-izhichigewaad
sa menaadak gegoo. Gaawiin ogii-wanendanziinaawaa ongog
Anishinaabeg.

Ke-sh wiin noongom ongow aya'aansag gaawiin gegoo
ogikendanziinaawaa, booch da-gikinaa'amawindwaag o'ow ke gaa-
pi-izhichged a'aw Anishinaabe gegoo manaajitood. Aaningodinong
ko imaa gegoo apatoomagad ge wiin o'ow ongow sa bemibatoojig ge
wiinawaa gikendamowaad gegoo. Ogikendaanaawaa ge wiinawaa
ongow manidoog ko awiya manaajitood o'ow sa wiisiniwin
ogikendaanaawaa wiinawaa manidoog ge-izhichiged a'aw
Anishinaabe da-ni-manaajitood gegoo. Baataniinad o'ow.

Ke ge o'ow a'aw Anishinaabe oshki-gashkitood gegoo,
waawaashkiwan gegoo, booch igo asemaakaadamowaad iko
Anishinaabeg o'ow sa ge-ni-izhichiged a'aw Anishinaabe niigaan
apiitendang ge wiin o'ow ge-ni-izhichiged a'aw Anishinaabe
niigaan. Ke ge inin miinan anooj igo gegoo onon waashkobang
ige manaajitood booch igo asemaakaadamowaad giishpin awiya
wanitaasod. Izhi-miijid, gaawiin onizhishinzinoon gaa-izhi-miijid

igo o'ow sa gaa-miinind Anishinaabe da-ni-maamiijid. Booch
igo gegoo da-izhichigewaad o'ow sa waabamigod inin manidoon
akeyaa ge-izhichiged akeyaa da-ni-manaajitood gegoo sa o'ow
naagaanak wiisiniwin. Gaawiin igo awiya odaa-izhi-miijisiin gegoo.
Omanaajitoon wanitaasod o'ow akeyaa booch Anishinaabeg o'ow
gegoo da-ayizhichigewaad sa gaa-pi-izhichiged ishkweyaang a'aw
Anishinaabe.

Niibowa gaagiigidowin ayaamagad o'ow sa awiya gegoo wii-
gikinaa'amawind ge wiin da-ni-gikendang akeyaa niigaan ge-ni-
ayizhichiged o'ow da-ni-waawiidookawaad gaye inin Anishinaaben
o'ow sa Anishinaabeg ishkweyaang gaa-pi-izhichigewaad
manaajitoowaad gegoo.

Akina gegoo ayaamagad igo akeyaa ge-ni-izhichiged niigaan
a'aw Anishinaabe gikenimigod iniw manidoon mii ayizhichiged
a'aw sa manaajitood gegoo sa asemaakaadang gaye oshki-miijid mii
akeyaa gaa-inendaagozid a'aw Anishinaabe. Ke ge aaningodinong
iko gaye ingoji megwayaak gegoo wanitooyan da-manaajitooyan sa
o'ow wiisiniwin sa biindaakoodaman o'ow asad iwidi ashi asemaa
iwidi gaa-tazhi-nitaageyan o'ow ge-ni-maamiijiyan sa niigaan.
Baataniinad. Baataniinad o'ow. Giishpin igo awiya wii-gikendang
gegoo, ke imaa noongom aw asemaa imbi-miinig wa'aw oshki-inini
indizhinikaanaa go, azhigwa ani-akiwenziiyiwid gaye wiin.

Ahaw dash mii giizhiitaayaan mii na? Naagaj miinawa apii
ingoding bi-izhaakan nawaj indaa-gikendaan igo akeyaa ba-
izhichiged a'aw Anishinaabe. Ke ge awiya oshki-boozid o'ow sa
manoominikeng booch igo asemaa imaa da-asad nibiikaang sa
wii-mamooyan o'ow manoomin naa gaye giizhiitaayan giishpin
inendaman o'ow miinawaa da-miigwechiwi'ad manidoo o'ow sa
miinigoowiziyan o'ow sa waa-miijiyan manoomin. Mii giizhiitaayaan
noongom. Nawaj apii ingoding miinawaa bi-izhaayan miinawaa
nawaj gidaa-gaagiigidomin. 🖐

52 Gii-miigaadiyaang

Gaa-tibaajimod **FRANCES DAVIS**

Gaa-tibaajimotawaajin
MELISSA BOYD & SAMANTHA PEET

Mii gii-pi-giiwed niij'ayaawaagan gii-pi-miigaazhid, gaa-izhi-azhe-miigaanag gaye niin. Gaa-izhi-akwaandaweyaan imaa nibaaganing gaa-izhi-bagite'wag gaa-izhi-apagadaganaamag. Miish iw gaa-izhi-biindigewaad nimisenh naa wiijiiwaaganan gii-pi-waabamiyangid idi miigaadiyaang. Miish a'aw nimisenh wiijiiwaaganan, mii gaa-izhi-ikidod, "Gigii-pangishimaa-sh na giboodiyegwaazon?" Mii wapii gaa-pooni'id a'aw. Gaawiin miinawaa wiikaa ingii-miigaanigosiin. 🖐

53 Memegwesiins Izhaad Oodenaang

Gaa-tibaajimod **JOSEPH NAYQUONABE SR.**

Gaa-tibaajimotawaajin **DUSTIN BURNETTE**

Mii aw bezhig ningozis Memegwesiins imaa gii-agaashiinyid, gii-biibiiyensiwid, ningii-izhiwinaa iwidi aabiding bagizowaad, i'iw chi-waakaa'igan, nibaawaad ingiw, gabeshiwigamig, chi-waakaa'igan. Mii imaa gaa-ayaamagak i'iw gii-pagizoyaang. Gii-piibiiyensiwi.

Ningii-agindaan imaa ingoji mii ingiw abinoojiinyag izhi-gikendamowaad i'iw bagizowin. Mii dash i'iw gii-kagwe-gikendamaan, "Geget ina gii-tebwewag?" Miish imaa ningii-dakonaa imaa bagizoyaang mii dash imaa izhi-bagidinag. Mii go geget gii-tebwewaad. Ningii-waabamaa imaa anaamibiig. Ningii-waabamaa. Mii iw gaa-izhi-gikendang ge-izhichiged mii go gaa-izhi-bagizod. Naa gaawiin gii-pagidinaamosiin, mii go imaa gaa-izhi-gikendang ezhichiged. Mii dash igo imaa ezhi-debwetamaan i'iw ayikidowaad ingiw gaa-agindamaan.

Ke dash, mii imaa gii-izhiwinangid sa omaa mashkikiiwinini waa-piindiganaad omaa akiing. Aaningodinong iwidi ningii-izhiwinaanaan. Mii dash imaa gii-gikendamaang imaa i'iw bezhig ozid gaa-piindigemagak gii-izhinaagwad igo, gaawiin eta go niigaan gii-ayaasinoon. Bezhig i'iw ozid biindigemagak gii-izhinaagwak.

Mii dash imaa gii-ozhitawind i'iw makizin. Gii-ozhitoowaad i'iw makizin sa ji-gwayakosidoowaad i'iw ozid. Ginwenzh igo

ogii-piizikaan i'iw. Mii omaa *St. Cloud, Minnesota*, mii imaa
gii-ayaayaang. Ningii-anokii imaa ingiw zhimaaganishiiwi-
aakoziiwigamigong. Mii omaa jiibaakwewigamigong ko, mii
imaa gii-anokiiyaan, gii-wiidookaazoyaan ge niin. Niwiiw dash
gii-mashkikiiwikwewi. Mii ge wiin imaa gaawiin gii-anokiisiin imaa
dibi, bakaan wiin iwidi gii-anokii.

Miish imaa, aabiding iwidi ningii-izhaamin sa gegoo wii-o-
adaaweyaang. Gii-michaamagad i'iw adaawewigamig. *Crossroads*,
niibowa ayaamagadoon iniw sa ji-izhaayaang. Ningii-pimiwinaa
dash a'aw Memegwesiins. Ningii-pimiwinaa nipikwanaang. Mii dash
imaa bimoseyaang, ayaangodinong ko ningii-pi-wiindamaagoog
ingiw awiya anooj igo, "Mii wanitood bezhig omakizin a'aw
gwiiwizens." Niwiindamawaag dash, "Oonh ahaaw." Gaawiin
niwiindamawaasiig mii eta go bezhig ayaang gagwe-gwayakosidood
i'iw ozid.

Ke dash, miish imaa baamoseyaang, mii a'aw niwiiw iwidi
gii-izhaa gegoo naadid. Mii dash niin iwidi ningii-izhaa ingiw
mazina'iganan ayaamagak, agindaasoyaan. Mii dash imaa
ningii-tebibidoon bezhig mazina'igaans agindamaan. Ningii-
waabamaa dash a'aw niwiiw, niwiiwiban. Mii iw ji-wiindamawid
sa giizhiitaad. Mii dash imaa gegapii gii-wiindamawid, "Mii
giizhiitaayaan." Ningii-azhesidoon i'iw mazina'igan. Miish wiin
wii-ni-maajaayaan, gegaa go ningii-pwaanawitoon wii-maadoseyaan.
Ningii-inendam dash, "Aaniin danaa ezhiwebak?" Mii dash
gaa-izhi-maajaayaan baanimaa gomaa gaa-izhi-bangising iniw
mazina'iganan dakonigaadeg. Mii go gakina iniw mazina'iganan
gaa-izhi-bangising. Ningii-segiz imaa ji-nishkaadiziwaad ingiw
gaa-tibendamowaad ji-nishkaadiziwaad. Gaawiin dash gii-
nishkaadizisiiwag. Ogii-waabamaawaan iniw Memegwesiins
gii-tebibidood iniw mazina'iganan gaa-ayaamagak. Mii imaa gii-
tebibidood i'iw miish gii-maajaayaan gaa-izhi-bangising geyaabi

dakonang. Gaawiin igo gii-nishkaadizisiiwag. Gii-paapiwag
igo. Ningii-wiindamawaag niwiidookawaag. Mii, "Gaawiin,"
ikidowaad. Mii go ningiizhiitaamin. Miish imaa gii-maajaayaang
o-waabamangid niwiiw. Miish miinawaa babaamoseyaang mii
dash imaa gii-izhaayaang iwidi mazinaakizigewaad. Mii dash imaa
wii-mazinaakizwaad iniw ningozisan. Ningii-namadab niin imaa
gii-paabii'oyaan.

Miish wiin gii-dakonaad gii-izhiwinaad ji-mazinaakizond Miish

imaa giizhiitaawaad imaa gii-pi-azhegiiwed. Mii dash imaa dakonag.
Miish imaa niwiiw iwidi gii-izhaad iwidi madwe-waabandang iniw
mazinaakizonan wii-mamood bezhig waa-aabajitooyaang. Mii dash
a'aw Memegwesiins azhigwa bimosed ge wiin. Mii go gii-paamosed.
Ningii-pagidinaa imaa ji-bimosed. Mii dash azhigwa wii-ni-
maajaayaang namanj iidog gaa-izhichiged. Mii go miinawaa iniw
akina iniw mazinaakizonan gaa-izhi-bangising. Mii miinawaa imaa
gii-inendamaan, "Oonh yay, mii imaa ge-nishkaadiziwaad ongow."
Gaawiin gii-nishkaadizisiiwag sa go.

Mii dash imaa niwiindamawaag miinawaa, "Giga-
wiidookooninim." Miish gii-ikidowaad, "Gaawiin." Mii
go niinawind, ningiizhiitaamin. Miish igo, gii-segizi a'aw
Memegwesiins. Mii go oshkiinzhigoon aapidekamig waa-inaakwak,
bimibatood sa go. Ningii-inaa dash, "Oonh yay, wewiib ambe omaa,
ambe omaa, maajaadaa miinawaa gegoo imaa jibwaa-biigosidooyan.

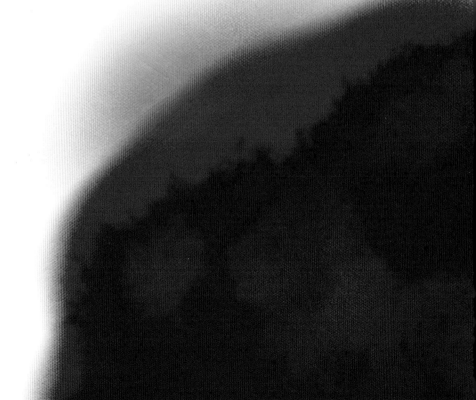

Maagizhaa imaa gegoo giga-inenimigoomin ji-diba'amaang."
Anishaa go ningii-inaa. Mii dash o'ow ge eta go gii-inendang i'iw
ayinag.

Mii dash o'ow wii-ni-maajaayaang, akawe imaa ningii-izhaamin
imaa ji-wiisiniyaang. Mii iw bezhig i'iw wiisiniiwigamig mii ko imaa
niiyo-giizhigak omaa, ogii-ayaawaan iniw mikinaakwan. Mii dash
iwidi, ayaangodinong iwidi gii-izhaayaan, o-amwag a'aw mikinaak.
Geget igo gii-minopogozi a'aw. Mii dash iwidi gii-o-wiisiniyaang.
Mii dash imaa gii-kaganoonidiyaang, niwiindamawaa a'aw niwiiw
gakina gegoo gaa-izhichiged Memegwesiins. Mii go gii-paapiyaang.
Naa ge wiin Memegwesiins ogii-minwendaan. Mii dash igo ge wiin
gii-ashamag iniw mikinaakwan. Mii gaa-izhi-minwenimaad iniw
mikinaakwan. Mii eta go i'iw wapii ayaawaad iniw mikinaakwan.
Ningii-minwendaan ko izhaayaang o-wiisiniyaang. 👋

54 Ikwe-dewe'igan

Gaa-tibaajimod **FRANCES DAVIS**

Gaa-tibaajimotawaajin
MELISSA BOYD & SAMANTHA PEET

"Enhyanh'," gaa-izhi-inag. Miish imaa gii-onabi'igooyaan ikwe-dewe'iganing. Gii-kaganoozhid a'aw akiwenzii ge-izhichigeyaan imaa gii-onabi'igooyaan. Miish nimaamaa ge wiin imaa gii-tibendaagozi ishkweyaang imaa gii-ayaa. Azhigwa ge wiin gaa-wani'angid, mii gaye nimisenh imaa gaa-izhi-asind da-naabishkawaad.

Miish iw bakaan noongom izhichigewag gaa-izhi-gina'amawaawaad ingiw mindimooyenyag. Mii ingiw ikwewag gii-mooshkina'aawaad iniw opwaaganan dabwaa-giiwitaashkaanid. Mii ko niin niiyawen'enh gaa-izhid, "Giin gidaa-ganawenimaa opwaagan." Miish iw apane dabwaa-maajii-niimi'idiiwaad gaa-izhi-izhid, "Mooshkina' a'aw opwaagwan." Miish iw gaa-izhi-mooshkina'ag gii-paa-ininamawagwaa ingiw wedewe'iganijig miinawaa debendaagozijig ikwe-dewe'iganing. Naa-sh, miish iw apane go gaa-izhichigeyaan gii-mooshkina'ag aw opwaagan dabwaa-maajii-niimi'idiwaad, biinish igo noomaya imaa, noomaya ganabaj igo awegwenan ezhi-inaawaad da-mooshkina'aanid opwaaganan.

Miish ko aya'aa *Bonita Sam, Bonita White* gaa-izhi-gagwejimid, "Awegonen da wiinawaa ingiw ininiwag wenji-mooshkina'aawaad iniw opwaaganan? Giinawind-sh imaa gidaa-mooshkina'aanaanig. Miish azhigwa ge ayi'ii gii-pooni'agwaa, gegoo wiindamagwaa

193

gii-ikido. Azhigwa ge gaawiin gegoo indoonji-ikidosiin. Naa-sh iw ingiw ikwewag niiwin genawendangig iniw zhiishiigwanan miinawaa iniw miigwanan eyaawaajig miinawaa ingiw ogichidaakweg naa mii aw ogichidaa naa naagaaniid. Noongom azhigwa gaawiin, gii-shimaaganashiiwiwag azhigwa gaa-asind gemaa gaa-o-miigaanaawaad iniw aniibiishikewininiwan miinawaa awegwenan chi-agaaming gaa-o-miigaazojig, mii ingiw gaa-asinjig. Noongom-sh gaawiin awiya ayaasiin, miish ingiw esinjig gaa-shimaaganishiiwijig. Naa-sh aya'aa gwekishimowaad aw niigaani-ogichidaakwe mii aw mayaajitaad miinawaa-sh gii-mooshkine'idiwaad naamijig. Mii iw ishkweyaang eyaad gaa-o-ganawendang iw waabooyaan, miish imaa gaa-onji-gwekishimowaad i'iw ko gaa-shimaaganishiiwijig gaa-pi-azhegiiwesigwaa oniimikawaawaan.

Naa-sh gaawiin awiya da-zaaga'anziin naa gaawiin awiya da-bi-biindigesiin azhigwa imaa maajii-niimi'idiiwaad. Mii eta go iw. 🖐

55 Gaa-izhi-ganawenimigooyaang

Gaa-tibaajimod **FRANCES DAVIS**

Gaa-tibaajimotawaajin
MELISSA BOYD & SAMANTHA PEET

Nimaamaa gii-agaashiinyid ingii-wiindamaagonaan ko *Pipestone* gii-izhinizha'ond iniw oniizhoode-oshiimeyan, izhiwinind wiineta ogii-pagidinigoon iniw omaamaayiwaan. Mii go gaawiin ogii-pagidinaasiin nimaamaayan da-izhaanid. Gaawiin daa-ganawenindizosiin, niso-biboon gii-ondendiwan iniw oshiimeyan.

Aaniish-naa, naa-sh mii o'ow odoozhiman naa iniw niizh ikwezensag gaa-izhi-izhinizha'ondwaa iwidi *Pipestone* mii iw gii-wani'aawaad iniw odedeyiwaan. Gaawiin iniw omaamaayiwaan ogii-kanawenimigosiiwaan. Gaawiin ogii-gashkitoosiin da-ganawenimaad iniw, aaniish-naa gii-izhinizha'ondwaa ayi'iing *Pipestone* niswi iniw abinoojiinyan. Azhigwa gaa-pi-azhegiiwewaad, mii nimaamaa naa nindede wiinawaa gaa-izhi-ganawenimaawaad. Miish igo gaa-izhi-wiijiiwangid igo nishiimeyag ingii-igonaan ko gwiiwizens biinish igo gaa-ishkwaa-ayaad mii gaa-izhiyangid iko nishiimeyag. Aaniish-naa gii-paataniinowan-sh igo iniw, aaniish-naa gaa-wiidigenid gii-paataniinowan iniw oniijaanisan.

Miish iw gaawiin nimaamaa, agaawaa go ogii-gashkitoon wii-shaaganaashiimod. Miish iw apane niinawind ingii-kanawenimigonaan. Naa iwidi ayi'iing gaa-izhi-izhigoziyaang

195

wagidaaki, miish ow apii indede gaa-izhi-anokiid imaa ayi'iing gikinoo'amaadiiwigamigong. Naanoomag gaa-izhi-aandanokiid miinawaa miish idi ayi'iing biiwaabiko-miikanensing. Gaa-izhi-anokiid waasa gii-izhaa. Shke imaa bijiinag ayi'iing ishkwaaj-anokii-giizhigak, booch go imaa apii gaa-pi-giiwed.

Miish, ogii-pwaanawitoon wii-pi-giiwed. Baamaa ishkwaaj gii-anokii-giizhigadinig gaa-gashkitood gii-pi-giiwed, naa-sh ge niinawind nimaamaa naa nishiime ingii-paa-wiikwajibinaanaanig ingiwedig mashkodesiminag bangii gii-shooniyaakeyaan. ☙

56 Gii-nagajiba'iweyaang

Gaa-tibaajimod **FRANCES DAVIS**

Gaa-tibaajimotawaajin

MELISSA BOYD & SAMANTHA PEET

1951 ingii-kiizhiikaan gii-gikinaa'maagooyaan, naa-sh ayi'ii ingii-maajii-gikinaa'amaagoo imaa Neyaashiing. *8th grade* ingii-pagami-izhaa. Aaniish-naa iwidi oodenaang gaa-izhi-izhaayaang, gii-niiwiyaang. Bezhig gegaa go gii-kiizhiitaa gii-kabe-gikendaasod gii-maajitaayaang gii-gikinaa'amaagooyaang. Gaawiin go gegoo ingii-maazhi-doodaagosiinaanig ingiw Chi-mookomaanag. Baamaa imaa gikinaa'amaadiiwidaabaaning booziyaang bezhig igo gii-kagwaanisagizi a'aw Chi-mookomaan.

Miish aw *Mable* gaa-izhi-inaad, 'Farm Dog,' ogii-izhi-wiinaan. Miish iw gaye niin ingii-pi-gaanjwebinig, miish iw gaa-izhi-wiinag, 'Farm Dog.' Farm Dog gaa-ni-nishkaadizid. Ishkwe-ayi'ii miish imaa *10th grade* eyaayaang azhigwa gii-aabawaamagak, miish azhigwa gaa-izhi-nagajiba'iweyaang imaa gikinaa'amaadiiwigamigong. Gaa-izhi-maadoseyaang gii-pabimoseyaang, miish aya'aa bebezhigooganzhiin owiikobinaawaan aya'aan odaabaanensan gaa-izhi-izhiyangid a'aw da-booziyaang. Ingoji go ingodwaaso-diba'igan ingii-izhi-boozi'igoomin.

Oodi dash imaa ayi'iing aabita go imaa ingii-izhi-boozi'igonaan. Miish iw degoshinaang endaayaang indede gaa-pi-izhi-giiwed gikinaa'amaadiiwigamigong gii-anokii, idi gaa-pi-izhi-giiwed gaa-izhi-gagwejimid, "Aaniish gaa-izhiwebak noongom gikinaa'amaadiiwigamigong?" "Gaawiin gegoo," indinaa. "Aaniish gaa-izhi-dagoshineg omaa endaayang?" Miish iw gaawiin ingii-gikendanziin waa-ikidoyaan. "Ingii-pimosemin igo," indinaa. "Chi-wawiiyadiziyan, chi-wawiiyadiziyeg, miish iw ge-onji-izhichigesiweg iw gaa-izhichigeyeg," ingii-ig. "Gaawiin go gizhawenimisinoon minik gaa-piida'adooyeg," indig.

Miish miinawaa gaawiin ganage ingii-nagajiba'iwesiimin gikinaa'amaagewigamigong. Mii ko gii-naawakweg oodenaang ingii-pi-izhaamin. Miish iw gii-aabawaamagak gaa-onji-izhichigeyaan i'iw gii-nagajiba'iweyaang. 👆

Ishkwaabii'igan

Ginwenzh ogii-kagwaadagi'igoon Anishinaabe Chimookomaanan. Eshkam agaasiinowag netaa-ojibwemojig miziwekamig. Gegoo dash noomaya izhiwebad owidi Misi-zaaga'iganiing. Mii eta go ayaawaad niishtana ingoji go netaa-anishinaabemojig omaa. Geget dash gichi-anokiiwag ji-maada'oowaad awegodogwen gekendamowaad yo'ow Anishinaabemowin. Owii-atoonaawaan odibaajimowiniwaan mazina'iganing ji-aginjigaadenig oniigaaniimiwaang odaanikoobijiganiwaan. Ginwenzh gii-maawanji'idiwag ongow gichi-anishinaabeg Misi-zaaga'iganiing gaa-tazhiikamowaad yo'ow mazina'igan. Aanind ogii-tibaadodaanaawaa gegoo gaa-izhiwebak. Aanind igo gaye ogii-michi-giizhitoonaawaan oshki-dibaajimowinan. Niibowa gegoo gikinoo'amaadiwinan atewan omaa miinawaa niibowa dibaajimowinan ji-baaping. Omisawendaanaawaa ji-minwendaman agindaman gaa-wiindamaagewaapan.

Gaawiin ayaasiin awiya debendang gidinwewininaan. Gaawiin ganage awiya odibendanziinan anishinaabe-gikinoo'amaadiwinan wiineta go. Gakina gegoo gimaamawi-dibendaamin. Ezhi-maada'oowaad onow dibaajimowinan ongow gichi-aya'aag, izhichigewag onjida ji-ni-bimaadiziiwinagak gidinwewininaan. Ogii-ozhibii'aanaawaa "copyright" naagaanibii'igaadeg omaa mazina'iganing ji-gikendaagwak awegwen gaa-tibaajimod. Gaawiin dash onji-izhichigesiiwag ji-gina'amawaawaad awiya niigaan ji-aadizookenid gemaa ji-ni-dibaajimonid gaye wiin.

Ozhibii'igaadewan owiinzowiniwaan gakina nayaadamaagejig

endaso-dibaajimong, meshkwad dash wiin John Nichols. Mii wiin gaa-agindang miinawaa gaa-izhi-gwayakisidood aanind ikidowinan omaa.

Ishpenimowag ongow gichi-aya'aag ji-maada'oowaad odinwewiniwaan. Odapiitenimaawaan gakina anishinaaben wii-nanda-gikendaminid niigaan. Odebweyenimaawaan geget. Mii iw. 🖐